总 主 编◎皮细庚

本册主编◎陆 洁

编 者◎徐 卫 焦毓芳 张建华
　　　　傅 冰 王春莹

全新 日本语听力 ①

上海交通大学出版社

SHANGHAI JIAO TONG UNIVERSITY PRESS

内 容 提 要

对于第二外语的学习者来说,听力历来是一大难点,这是一个从入门阶段开始就一直伴随着的问题。纵观国内的各类听力教材,第一册定位在一年级上几乎已经成为共识,而且内容和编排上也不断地出陈出新。这些前辈的辛苦之作都给本教材的编写提供了宝贵的经验。本教材同时立足于教师和学生的两个立场,秉承着让教师"好用",让学生"实用"的宗旨,希望能够为提高学生的听力水平尽绵薄之力。

图书在版编目(C I P)数据

全新日本语听力.1 / 皮细庚总主编. —上海:上海交通大学出版社,2015
ISBN 978 - 7 - 313 - 11225 - 5

Ⅰ.①全… Ⅱ.①皮… Ⅲ.①日语-听说教学-高等学校-教材 Ⅳ.①H369.9

中国版本图书馆 CIP 数据核字(2014)第 081967 号

全新日本语听力1

总 主 编:皮细庚   本册主编:陆 洁
出版发行:上海交通大学出版社   地 址:上海市番禺路 951 号
邮政编码:200030   电 话:021 - 64071208
出 版 人:韩建民
印 刷:常熟市文化印刷有限公司   经 销:全国新华书店
开 本:787mm×1092mm 1/16   印 张:11.75
字 数:276 千字
版 次:2015 年 2 月第 1 版   印 次:2015 年 2 月第 1 次印刷
书 号:ISBN 978 - 7 - 313 - 11225 - 5/H
定 价:38.00 元

前　言

　　《全新日本语听力》第一册至第五册,是为大专院校日语专业一至三年级编写的日语听力系列教材,同时也可供社会上各类日语培训机构和日语自学者使用。

　　外语教学的"听说读写译"五项技能培训中,学生听解能力的提高,是最基础的也是最困难的一项教学任务,甚至对于刚刚走向社会的外语工作者来说,听懂外语仍然是最首要的,而且往往仍旧是最困难的。

　　多年来,外语教学第一线的听力教学实践,已经为我们积累了丰富的教学经验,与此同时,听力教材的编写也在不断地推陈出新,为听力教材的改善做出了可贵的探索。但是,毋庸讳言,日语听力教学的效率和质量仍然亟待进一步的改善,无论是教学第一线所反映的种种呼声,还是历年各类等级考试所反映的质量,都告诉我们听力教学明显是日语教学中最为薄弱的环节。我们觉得,要搞好听力教学,首当其冲的任务就是要不断地推出更有效更高质量的教材。

　　上海交通大学出版社,本着为外语教学服务的宗旨,在充分了解和征询各大专院校师生对国内外日语听力教材的使用现状和改善建议的基础上,决定再次组织编写一套日语听力系列教材,为日语听力教学的改善贡献一份力量。上海交通大学出版社的这一计划,应该说是针对日语教学的实际需求所做出的决定,也符合日语教学第一线广大师生的愿望。

　　数年来,本套教材在编写和使用过程中,我们广泛听了上海外国语大学、苏州大学等数十所大学任课教师的意见和建议,不断地进行修改和调整。

　　本套教材的编写班子,由工作在日语专业教学第一线的教师组成。各位教师基本上都具有较长时间的日语专业各类课程的教学经历,特别是都正在担任或担任过日语听力课程的教学工作。工作经历,让我们积累了一定的教学经验,也让我们能够真切地体会到作为一名教师应该如何去改善听力教学手段,更重要的是我们能够有机会广泛地接触国内外各类日语听力教材,与此同时,我们还能够直接地了解到学生的心声,使得我们能够站在教师和学生两方面的立场上去思考如何编写听力教材。

　　经与出版社负责策划和编辑的同志反复讨论,我们为本系列教材的编写做了大致的规划。在整个编写过程中,通过不断的学习、调整和充实,目前本教材的"定位"、"编写理念"、"特色"和"各册定位和构成"等基本情况如下。

1. 本系列教材的定位

　　(1)本教材根据教育部日语专业教学大纲对听力的词汇量、难易度等要求进行编写。

（2）本教材紧密配合日语专业精读课教学进度，起到相辅相成的作用，以期更好地实现提高学生日语听解能力的目的。

（3）本教材可供日语专业本科和大专各层次听力教学使用，也可供日语学习者自学使用。同时实事求是地考虑各大专院校日语专业学生乃至社会人士参加各类能力等级考试的各种需求。

（4）本教材从日语学习的起步阶段即一年级第一学期开始编写，直至三年级整个学年结束。听力的提高在外语学习的初期阶段尤其重要，养成"听"、"说"、"读"齐头并进的良好习惯，对提高日语听解能力和提高外语整体能力都是极为有效的。因此，我们把听力教材第一册定位在一年级上。听力的提高是一个长期的过程，听力教材编写至整个三年级结束，既是本课程设置的需要，也符合各院校日语专业的教学规律。

2. 本系列教材的编写理念

"好用"和"实用"是我们的编写理念。

（1）"好用"指的是有利于教师组织课堂教学，以达到教学最佳效果，当然同样也意味着便于学生学习，以达到最佳学习效果。实现"好用"的途径，我们考虑了以下几个方面。

A. 紧密配合精读课教学，不能与之脱离。具体地说，就是大致符合精读课教学的进程，这样有利于课堂教学的顺利进行。为此，我们研读了国内各大专院校主要使用的几套精读课系列教材。

B. 利用编者自身的教学经验，并多方听取各院校师生建议，充分运用各类听解策略以达到最佳教学效果。

C. 考虑到各教学层次的需求，各课内容的组合尽量做到难易结合，以供教师和学习者自由选用。

D. 实现教师用书和学生用书的分册，把详细的教学目标和听解策略列入教师用书，细化"题目要求"，便于教师组织教学活动。

E. 在首先考虑课文内容的实用性的同时，也考虑趣味性。题材的丰富多彩，可以增加学生学习的趣味性，从而有效地提高学习效果。本教材还特别设置了"轻松一刻"版块，目的是为了活跃课堂气氛。

（2）"实用"指的是以最佳效果实现提高日语听解能力乃至日语整体能力的目标。我们主要考虑了以下几个方面。

A. 广泛研读国内外各类日语听力教材（甚至包括英语听力教材），吸取其精华和长处，并有效地运用和组合在整个教材之中，以实现课堂教学的最佳效果。

B. 听力教材的特点是强调实听实练。练习首先体现在整个课堂教学过程中，传统的和最新的各类听解策略都可以通过练习的形式来体现。本教材同时也考虑课后练习，这既是辅助课堂教学的需要，也利于学生参加各类等级考试。

C. 等级考试的应试指导，也是听力教学应该考虑的内容之一。本套系列教材的各册教

材中都适当考虑了这一方面的内容。包括课堂测试和课后学生自我测试内容中都包括了应对各类等级考试的练习内容。

D. 听力教学除了帮助学生提高听力水平之外,还应该是提高学生整体日语水平的课程。本系列教材的前二册以配合语言学习为主要教学目标,后三册以生活场景、了解日本为主要教学目标。

E. 所谓"原汁原味"的日语,在日语听力教学中尤其重要。本套教材的所有课文,自始至终采用从日本各类教科书中选用的会话文或文章,以保证语言表达的正确性和实用性,尤其在前三册中,本教材尽量采用能够反映实际生活会话的、带有"原汁原味"的口语体的会话文。

3. 本系列教材的特色

本教材强调 "理论指导性"、"实战演练性"和"多样趣味性"三大特色。

(1)理论指导性

引进先进的教学理念,对提高教学质量来说至关重要。在这一方面,我们主要是注意引进各类"听解策略"和"听解技巧"。

在研读国内外各种听力教材的基础上,本套教材在编写过程中始终坚持贯彻实施以下各项"听解策略"。

A. 预测策略(听前预测,预测下文,听前提问,听后提问。)

B. 推测策略(推测生词,推测下文。)

C. 图示化理论(运用图画、表格,既有助于学生理解,又能加深印象。)

D. 监控策略(帮助教师了解课堂教学,帮助学生了解对课堂听解内容的理解程度。)

E. 记忆与遗忘理论(通过听后温故,以达到温故知新的效果。)

F. 输入与输出理论(听解并辅以课堂问答和讨论,以提高学生的日语综合运用能力。)

此外,"听解技巧"的训练也至关重要。这一训练在本套系列教材中始终贯穿,但本套教材特别在第三册为"听解技巧"做了归纳。主要包括以下两个方面。

A. 语音方面的听解技巧(熟悉"原汁原味"的日语会话文中常见的语音变化、语调变化、助词省略等等。)

B. 内容方面的技巧(听懂内容要点、归纳文章大意等等,尤其是各类等级考试中常常运用的种种听解技巧。)

(2)实战演练性

如前所述,听力教学的一大特色,就是整个教学过程都可以以练习形式来组织。本套教材前四册各课课文基本都由"听前热身"、"实听实练"和"听后温故"以及"自我测试"四个部分构成,并分解成"听解 1"至"听解 8"各项内容(各册课文构成有所不同),上述"听解策略"和"听解技巧"基本上都通过练习形式反映在以上各个部分。

A. 听前热身

听前热身主要是各种形式的练习来导入课文中出现的单词和句型等。

B. 实听实练

基本由主课文和两至三篇副课文组成,充分运用各种听解策略和技巧,,组织各种形式的练习以帮助实现听解目标,同时检测听解效果。

C. 听后温故

选择以贴近主课文内容的会话文或短文,以练习形式监控学生的对本课听解内容的理解程度。

D. 自我测试

主要是对应"日语能力等级考试"和"全国日语专业四、八级等级考试",练习形式基本与考试相同,让学生熟悉掌握题型和考试技巧。以上各种实战演练性的练习,可以帮助教师有效组织课堂教学,同时也可以让学生"有习可练、实练实效",真正实现本教材"好用"、"实用"的理念。

(3)多样趣味性

趣味性包括"课文选材"和以及帮助活跃课堂气氛的辅助手段"轻松一刻"。

A.课文选材

本套教材根据各册教材的教学层次的不同,课文选材以贴近学生生活、适应生活和工作场景、了解日本社会和文化为序逐步展开。题材的丰富多彩,可以增加学生学习的趣味性,从而有效地提高学习效果。

B."轻松一刻"

本套教材设置的"轻松一刻"版块,有绕口令、歌曲、猜谜语、笑话、曲艺、短故事等等,目的是为了活跃课堂气氛。同时对提高学生日语整体能力和了解日本有一定的帮助。

4. 本系列教材各册定位和构成

第一册　对应一年级上。

教学目标以语音练习和基本句型的训练为主,

课文内容(除语音阶段外)以贴近外语学习的各类话题为主。

第一册以辅助精读课教学为目标,注重在入门阶段就培养学生纯正的发音,训练耳朵对日语发音和标准日语的熟悉度。本册中特别加入了跟读和朗读训练,从零起点就注重听和读,为今后更好的提高听说能力打下坚实的基础。其次,通过简单场景和基础句型的练习,巩固精读课的知识,培养学生即学即用的能力。

第一册兼顾对应日语能力等级考试的 N5 和 N4。

第二册　对应一年级下。

教学目标以重要基础语法和句型的训练为主。

课文内容以贴近学生生活的各类话题为主。

　　鉴于第二册的学生还处于日语学习初级阶段,该册的编排把重要语法的操练和生活场景有机地结合起来,既有实用性又有趣味性。语法操练的编排配合了各套精读教材的进度,不会出现听力课的重要语法知识超前于精读课的尴尬。场景编排的原则是基于重要语法的基础上,适当地增加了少量的新单词,并充分考虑原汁原味的日语会话的趣味性和实用性。

　　第二册兼顾对应日语能力等级考试的 N4 和 N3。

　　第三册　对应二年级上。

　　教学目标注重各种听解技巧和各类功能性句型(或各类表达方式)的训练。

　　课文内容以实际生活和各类社会活动场景为主。

　　第三册引入了"听音"、"听语调"、"听要点"、"听大意"等听解技巧,有针对性地训练学生的听解水平,让听解有技巧可依。同时结合功能性句型(或表达方式),编排了适当的实际生活和各类社会活动场景,让学生在场景中学会听解,并能运用到实际的会话中去。第三册后半段明显增加听说互动内容,向第四册过渡。

　　第三册兼顾对应日语能力等级考试 N3 和 N2。

　　第四册　对应二年级下。

　　教学目标进一步学习日语各类句型和表达方式,继续贯彻上述各册的听解策略和听解技巧的训练,特别注重听解内容的判断和归纳整理。

　　课文内容注重了解日本社会和日本文化。

　　第四册在继续提高听解能力的同时,注重提高学生的整体日语实力。第四册明显减少会话文的听解,而增加文章性内容的听解,这就要求学生需要进一步提高把握文章整体内容的能力。听与说事实上是难以分割的,适当的"说"也可以促使学生集中精力思考听解内容,二年级下学期的学生已经具备一定的日语表达能力,从第四册开始可以加强师生互动。题材方面以有日本特色的社会、历史、文化、生活、环境等等为主,有助于学生了解日本社会和文化。

　　第四册兼顾对应日语能力等级考试 N2 和 N1 以及全国日语专业能力四级考试。

　　第五册　对应三年级全学年。

　　教学目标继续注重语言的学习和听解策略、听解技巧的训练,大量减少会话性文体,增加论述性文章,熟悉日本人的思维方式和表述方式。增加师生互动,对听解内容展开讨论。

　　课文内容在第四册的基础上继续扩大有关日本知识面的题材,同时注重增加各类文体,包括广播电视的新闻报道、评论、演讲、讲故事、辩论、曲艺节目等各种文体。

　　第五册由 30 课组成,专业教学可根据课程设置安排一学期或二学期教学。

　　第五册兼顾日语能力等级考试 N1。开设专栏,有针对性地进行听力技巧的专项训练,提前对应专业日语四年级的八级考试。

本套教材的编写，虽然由各位主编主要负责每一册的编写工作，但其实在编写过程中，整个编写班子并没有明确地分册编写，而是通力合作，共同讨论和分析。这样就保证了整套教材的定位、理念、特色的一致，保证了语言学习的连贯性和递增性，同时也保证了听解策略的循序渐进和课文内容的合理安排。

在整个编写过程中，我们参考了大量的国内外有关的听力教材，感谢各位前辈的探索和努力为我们提供的宝贵经验和智慧，参与本书编写的还有林工、凌蓉、陈敏、汤萍、张宇、王娟等。同时在使用过程中，我们也得到了上海外国语大学、苏州大学等数十所高校的任课教师的可贵建议和有益的帮助，在此一并表示深挚的感谢。

尽管如此，在整个编写过程中，我们仍然深感自己在听力教材编写方面的专业知识的不足和能力的有限，种种缺陷和不足在所难免。我们衷心地希望本套教材能够为日语听力教学奉献一点绵薄之力，我们更热切地希望本套教材能够得到日语教育界专家同行和使用者的批评指正。

皮细庚

2014—6—20

编 者 的 话

一、本教材的定位

众所周知,对于第二外语的学习者来说,听力历来是一大难点,这是一个从入门阶段开始就一直伴随着的问题。纵观国内的各类听力教材,第一册定位在一年级(上)几乎已经成为共识,而且内容和编排上也不断地推陈出新。这些前辈的辛苦之作都给本册教材的编写提供了宝贵的经验。

本册教材为《全新日本语听力》的第一册,教学对象是大学日语专业一年级(上)学生。

本教材同时立足于教师和学生的两个立场,秉承着让教师"好用",让学生"实用"的宗旨,尽可能满足一年级(上)开设听力课的学生的课堂用书、一年级(上)不开设听力课的学生的自学用书以及一年级开设听力课但不使用本教材的学生的补充学习用书这三大人群的需求为前提,希望能够为提高学生的听力水平尽绵薄之力。

本教材从零起点导入听力,起到配合精读课教学的作用。国内众多的院校考虑到零起点阶段所学的语言知识有限,基本上都是从一年级(下)开始开设听力课程的。然而正如目前的儿童英语教育那样,越是入门阶段越要重视"学""听""说"的结合,不让孩子输在起跑线上。日语教育也可以而且有必要做到这一点。

本教材紧密配合各类精读教材的教学进度,起到相辅相成的作用。我们研读了国内各大专院校主要使用的几套精读课系列教材,全局上紧跟精读课的脚步,辅助精读课教学;细节上不像一般的精读教材受到限制,可以补充一定的新单词,在不影响听解的前提下适当采用新句型,增添学习的兴趣活泼度,起到精读课所不能起到的作用。

1. 针对开设听力课的一年级(上)的学生——培养"学""听""说"的良好的学习模式

一年级(上)开设听力课程的学校可以通过本教材培养学生"学""听""说"的良好的学习习惯。入门阶段的精读课忙于单词的积累、语法的解释和课文讲解,几乎没有余力顾及学生的"学""听""说"的有效配合。本教材基本采用全日语的语境,让学生在听力教学的过程中以"听"促"学"、以"听"及"说",最终实现"学""听""说"全面提升的目标。

2. 针对未开设听力课的一年级(上)的学生——配合各类精读教材,在模拟课堂的环境下自然愉快地提高听力水平并巩固基础单词和语法句型

入门阶段的学生每天有大量的时间背诵单词和练习句型。但是遗憾的是,课余时间没有一个像课堂那样的在老师指导下"学""听""说"的教学环境。本教材基于以学生为中心的"任务型"理念编写而成,学生完全可以按照本教材的要求自主独立地完成教学任务。最终达到在模拟课堂的环境下自然而然地、愉快轻松地提高听力水平并巩固单词和语法句型的

目的。

3. 针对开设听力课但不使用本教材的一年级（上）的学生——高于精读，增加词汇量和知识量并提高听力水平

入门阶段的学生每天除了学习精读书，做一些配套的练习题之外还有大量的时间，不知道该怎么学习。听歌、看电视剧、看小说、看新闻等学习途径都因为所学知识有限，没有明显的针对性，从而起不到很好的效果。无论所在学校选用的是何种听力教材，本教材都可以作为入门阶段学生的辅助教学材料，有的放矢地增加词汇量和知识量并提高听力水平。

二、本教材的特色

本教材根据教育部日语专业教学大纲对听力的词汇量、难易度等要求进行编写。以此为前提，本教材充分体现"理论指导性""实战演练性"和"多样趣味性"三大特性，坚持"实用""好用"的宗旨和以学习者为中心的"任务型"理念。

1. 理论指导性

在外语教学的"听说读写"四项技能中，"听"历来是比较重要而又难以提高的技能之一。随着时代的发展，外语教学和外语研究中也引入了不少先进的教学理念。

首先，本教材的编写采纳二语习得的"输入假设"和"输出假设"理念，在入门阶段接触略高于现有外语水平的原文，帮助巩固和提高现有的知识，并在一定的阶段辅以"输出"的训练，提高语言的综合运用能力。

其次，在入门阶段引入"图示化理论"，既有助于学生的理解，又能够增加趣味性，是听力教学过程中不可或缺的环节。

另外，本教材针对入门阶段"记忆和遗忘"的特点，无论在语音阶段还是正式课文阶段都采用不断温故的方式，以起到巩固的作用。

最后，本教材使用了大量的听解策略，以辅助听力教学的全过程。例如针对入门学生所学知识和词汇有限的情况，运用"预测"和"推测"策略引导学生顺利进入听解，运用监控策略，帮助教师了解学生的听解程度，同时更有助于学生认识自身听力过程中的不足，做到有的放矢，从而在不知不觉中更加有效地提高听解水平。

2. 实战演练性

一套教材的实用性，甚至可以说一套教材的质量，在一定程度上取决于练习题的覆盖面及其有效的组合和质量。本套教材针对以往教材只重视教材本身，而忽略练习的薄弱环节，在练习上下了很大的功夫。

首先，本教材的版块设置充分的考虑到了"实战演练性"。本教材注重"好用"和"实用"，其中"实用"与"实战演练性"是相通的。本教材由"听前热身"、"实听实练"和"听后温故"三个部分构成，其中"听前热身"的"听解1"、"实听实练"的"听解2""听解3"和"听解4"以及"听后温故"的"听解6"，充分运用各种听解策略，组织各种形式的练习以帮助实现听解目标，同时检测听解效果。"听解5"对应日语能力考试N5.和N4.，通过练习检测学生的听解水平，

并让学生熟悉掌握题型和考试技巧,"听解7"亦主要以能力检测为目的,内容尽量贴近课文本文,练习形式也较为活跃,既可供课堂使用,亦可供学生课后练习。

其次,本教材吸取其他教材的经验和各类考试出题的技巧和方式的基础上,结合各种听解策略,选择了最适合入门阶段的出题方式,达到实战演练的效果。例如"听前热身"坚持采用会话、图片讨论等各种方式;"实听实练"中采用一对一或者不对应的灵活设置,题型包括图片选择题、图片填空题、连线题、连图题、有图判断题、选项带图的选择题、听前讨论题、听后归纳讨论题、带图排序题等。

以上各种实战演练性的练习,可以帮助教师有效组织课堂教学,同时也可以让学生"有习可练、实练实效",从而实现本教材"好用"和"实用"的宗旨。相信一定会受到大家的欢迎。

3. 多样趣味性

本教材秉承"学中有乐、乐中有学"的快乐教育理论,强调学习的趣味性。本教材特别设置了"轻松一刻"的版块,其主要内容包括歌曲和绕口令。语音阶段的轻松一刻的内容虽然相对受限,但是编者考虑了语音的特色,分别安排了假名歌练习清音、拟声拟态词练习浊音半浊音、绕口令练习拗音等。结束语音阶段后的课文,每课安排了耳熟能详的日本童谣和民歌,既可以轻松一刻,也可以了解日本的文化。

另外,本教材的选材贴近学生生活,包括"天气"、"中日的节假日"、"投币洗衣机或ATM机的使用方法"等内容。而且每课保持会话为主、短文为辅的形式。多样的选材和形式,增加了学生学习的趣味性,从而有效地提高学习效果。

4. 好用性

本教材强调教材的"好用性",不仅教师使用起来很方便,也方便学生自学。首先本教材紧密配合国内各大专院校主要使用的精读课教材,句型和语法知识的出现与之同步。

同时,本教材实行学生用书和教师用书分册。教师用书包含了教学目标和听解策略两大部分,明确提示主要的学习目标和听解策略,做到有的放矢。教师用书的"题目要求"区别于学生用书,以便于教师更好的安排课堂教学,达到最佳教学效果。与此同时也有助于指导学生开展自学活动。

其次,本教材考虑到各教学层次的需求,采用了难易结合的编排。本教材(除语音阶段外)的"实听实练"是主干版块,听解2是主干课文,难易度适中。听解3、听解4和听解6考虑难易结合。

再次,本教材每课内容主题明确,贴近生活,便于教师和学生掌握内容。例如第8课的"私の一日"的听解2是每天的学习和生活,听解3是通过采访一天的生活来判断职业,听解4是公司里的某一天的日程安排。不仅内容紧扣主题和教学目标,而且又不会因为内容上的简单重复而失去趣味性。

此外,本教材强调听解策略的运用和练习形式的有效组合,便于教师组织课堂。比如可以通过各种听解策略,解决入门阶段不敢上难度的问题。例如采用"推测生词"、"给话题"、"给中文提示"等方法提示生词;例如采用"泛听策略"、"图表选择"等方法解决文章有一定难

度的问题。

最后，本教材的板块设置也充分考虑到了教师的"好用性"。同为"自我测试"的听解 5 和听解 7 的分开设置，体现了课内和课后的理念，教师可以不必另行布置课后作业；同为"听后温故"听解 6 和听解 7 的分开设置，便于教师自由选用，随时可以补充课内的听解 5 的内容。

5. 实用性

本教材的"实用性"体现在三个方面。首先，本教材的"听前热身""实听实练""听后温故"的版块设置充分体现了"实用性"。它完全对应"预习""练习""复习"的过程，以便达到最佳的教学效果。

其次，本教材内容设置方面也是充分考虑学生的"实用性"，尽量考虑接近学生的生活以及涉及中日生活和文化的课文，以便学生做到"活学活用、急用先学"。例如"私の誕生日"一课的包含了中日两国的许多节假日，第 10 课的"天气"也涵盖了中日两国的一些城市的天气特点。

另外，"自我测试"板块的设置，有助于学生在实战中有效地提高听解能力，不知不觉地轻松地把"日常学习"和"专项考试"融会贯通。

最后，本教材的"轻松一刻"选用了大量的著名日本民谣和民歌，在轻松一刻的同时弥补了精读课和泛读课等无法做到的通过音乐补充日本文化知识的不足。

6. 以学习者为中心的"任务型"理念

本教材采用以学习者为中心的"任务型"编写理念。作为入门阶段的听力教材，受到所学词汇量和句型的限制，如何设计好题型，让学生"好做""会做"是非常重要的。针对入门阶段的特点，本教材基本设置成每篇文章一个带图可视的或者有选项可选的任务，让学生可以集中精力听取主要信息，而不拘泥于个别的生词和新句型。从而顺利解决了入门阶段不能加难度的问题。

三、本教材的构成及内容

本教材每一课由"听前热身"、"实战实练"、"轻松一刻"、"自我测试"、"听后温故"五个部分构成，基本上构成"听前"、"听中（实战实练、轻松一刻、自我测试）"和"听后"的结构。其中听解 1 属于"听前热身"，主要是该课文的单词热身，提示即将出现的主要内容和相关词汇；"实战实练"的听解 2、听解 3 和听解 4 是主干的课文，难度呈阶梯递进；轻松一刻以歌曲为主；听解 6 属于"自我测试"，主要是专项考试的练习；"听后温故"包含复习该课内容或句型的听解 6 和专项考试练习的听解 7。

本教材的前四课是语音阶段，与后面各课相同，每课由五个部分组成，但是具体的听解部分的数量上会根据实际情况有所变动。

此外，本教材分为教师用书和学生用书两册，可供教师和学生选用。其中教师用书由教学目标和听解策略、听解的题目要求、听解的录音原文和解答四个部分构成；学生用书由学

习目标和具体的听解题目构成。

四、本教材的使用说明

本册教材每篇课文使用两个课时(45分钟×2),共90分钟。以下为教学参考。

(一)"听前热身"配置15分钟

每课的听前热身是提示与该课主题相关的词汇,通常配有图片。即便是热身,本册教材也坚持采用会话形式,杜绝单纯的单词重复。

以下是语音阶段结束后的第5课的听解1。内容是"自我介绍",听解1是一些寒暄语的练习。首先要求学生听会话,选择与会话内容相符的图。教师可以根据学生的情况,听一遍或者听两遍。

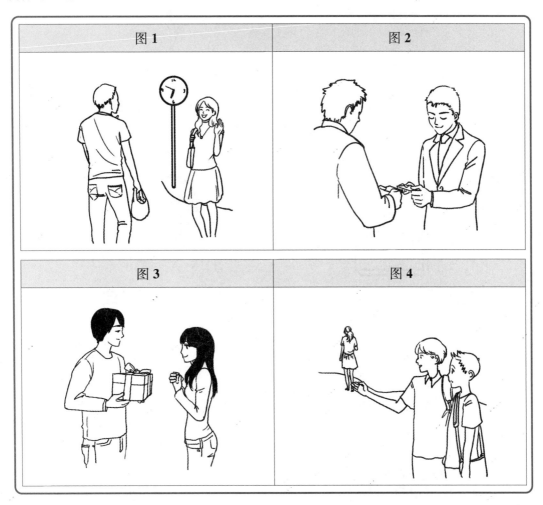

然后再完成第二题的跟读。跟读的内容如下所示直接是寒暄语的句子,但是学生用书上是不会印出来的。而且跟读的句子不是做选择时的会话原文,而是概括的要点。既有新鲜感,同时也帮助学生学习归纳和表达。

(1) 失礼ですが、あの人は誰ですか。

(2) どうもありがとうございます。

(3) おはようございます。

(4) はじめまして、どうぞ、よろしくお願いします。

接下来再举个例子。例如以下是第 11 课的听解 1。该题的图片出现在选项中，内容是中日常用的节假日的日期、星期的表达。

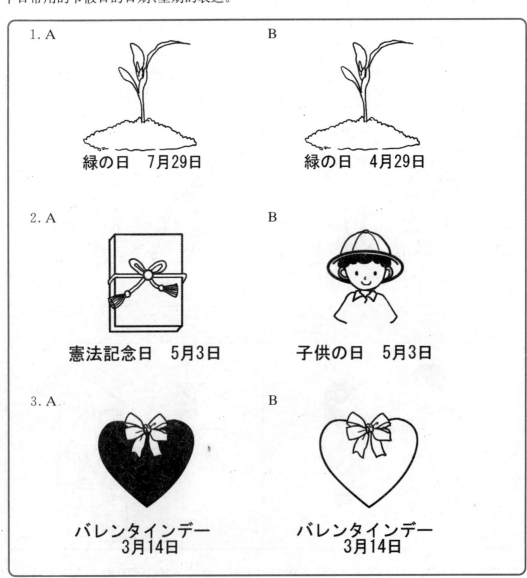

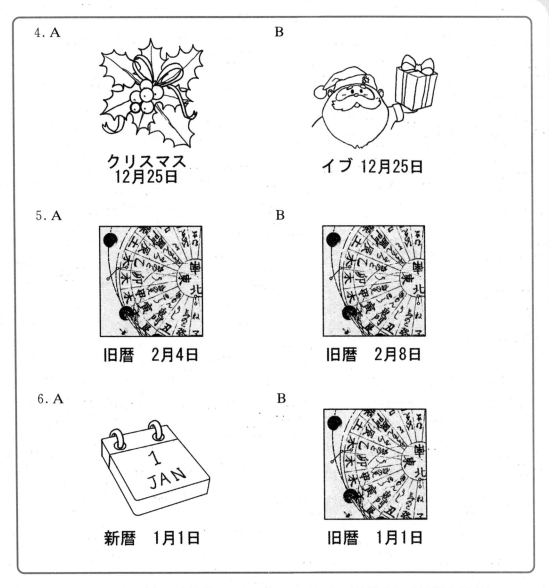

4. A クリスマス 12月25日　　B イブ 12月25日

5. A 旧暦　2月4日　　B 旧暦　2月8日

6. A 新暦　1月1日　　B 旧暦　1月1日

同样在完成选择后有跟读的练习，进一步巩固，有助于顺利进行后续课文的听解。

请大家跟读，并核对答案。学生用书上没有印出跟读的句子，因此相当于让学生再听了一遍。

(1) 明日は4月29日で、みどりの日です。

(2) 憲法記念日は5月3日で、子供の日のほうが二日遅い。

(3) バレンタインデーは2月14日で、ホワイトデーはその一ヶ月後です。

(4) クリスマスは12月25日で、その前の日はイブです。

(5) 中国の春節は旧暦です。 今年は2月4日です。

(6) 日本のお正月は新暦です。 1月1日です。

（二）"实战实练"配置 50 分钟

每课的"实战实练"包括听解 2、听解 3 和听解 4,难度呈阶梯式上升。其中包括一篇短文,通常设置在听解 4。

下面是第 8 课的听解 2,要求听两段短文,判断分别对应哪一张行程表,并且根据短文完成行程表。要求学生先仔细观察行程表,找出其间的差异,差异之处就是听解的要点。然后听第一遍的时候根据要点判断出所对应的图片,并且顺手完成一部分填空。然后再听第二遍,完成全部的填空。

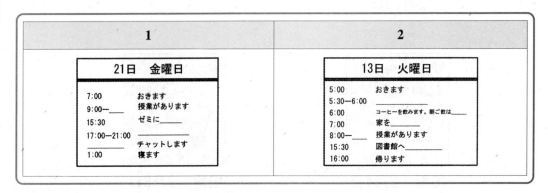

1	2
21日　金曜日 7:00　　　　おきます 9:00―＿＿　授業があります 15:30　　　ゼミに＿＿＿ 17:00―21:00 　　　　　チャットします 1:00　　　　寝ます	**13日　火曜日** 5:00　　　　おきます 5:30―6:00 6:00　　　　コーヒーを飲みます。朝ご飯は＿＿＿ 7:00　　　　家を＿＿＿ 8:00―＿＿　授業があります 15:30　　　図書館へ＿＿＿ 16:00　　　帰ります

接下来再举一个例子,这是第 6 课的听解 4。听解 4 是一段短文,内容有一定难度。为了能够让学生顺利完成听解任务,编者精心安排和设置了任务,循序渐进的让学生完成听解。

首先设置了推测单词。该题的设置没有采用列出生词然后由教师讲解的传统方法。根据中国人学习者的特点,给出日语汉字是为了有助于学生推测单词的意思。所列单词的推测也不是单个的、没有范围的,而是列举出同类型的单词,通过类别推测单词的意思。

---

1. 推测下面两组单词的意思

单词的 A 类是关于婚姻状况的词、B 类是关于兄弟姐妹的词。请完成假名和日语汉字的连线。

　　A　けっこん　　　　　どくしん　　　　　こいびと

　　　結婚　　　　　　恋人　　　　　　独身

　　B　すえっこ　　　　　ひとりっこ　　　　きょうだい

　　　兄弟　　　　　　末っ子　　　　　　一人っ子

其次,设置表格式的选择题。该短文的信息量很大,考虑到学生听第一遍的时候,只能获取部分的信息,因此设置成了部分信息的选择填空,便于学生完成。而且根据本课的学习目标是年龄和职业,学生会很自然地把注意力放在这些内容上面,因此这道题的设置都是围绕这两个主题的。

2. 听短文,完成下列表格里的选项

家族	年齢	職業
父	62歳	(A:弁護士　B:看護師)
母	(A:60歳　B:59歳)	主婦
兄	(A:34歳　B:35歳)	医師
姉	32歳	(A:教師　B:医師)
私	20歳	(A:1年生　B:2年生)

然后设置判断题,以轻松的方式完成剩余的信息听解。

3. 再听一遍短文,完成下列问题的选项

(1) 佐藤さんは東京の人ですか。
　　A:はい　　　　　　　　B:いいえ
(2) 佐藤さんの家は大家族です。
　　A:はい　　　　　　　　B:いいえ
(3) 佐藤さんのお姉さんは一番上ですか。
　　A:はい　　　　　　　　B:いいえ
(4) 佐藤さんは兄弟で三番目ですか。
　　A:はい　　　　　　　　B:いいえ
(5) 佐藤さんは恋人がいますか。
　　A:はい　　　　　　　　B:いいえ

最后确认答案。最后一遍要求学生边听短文边核对答案。至此完成了"推测——表格选择——判断——确认"的阶梯式答题的四个步骤。

4. 再听一遍短文,并核对你的答案

(三)"轻松一刻"配置5分钟

语音阶段的"轻松一刻"和课文阶段的"轻松一刻"作用有所不同。前者与语音内容紧密相连,例如第1课的假名歌曲、第2课的拟声词拟态词和第4课的绕口令。后者主要包括一

些童谣和民歌,目的在于让学生们放松一下,活跃课堂气氛,同时也可以通过歌曲了解日本的歌文化。

(四)"自我测试"配置 20 分钟

这个版块是实战演练,教师可以按照临场考试的要求,让学生自测一下。完成测试后,再利用课堂时间进行讲解。因此这道题的要求是"接下来你将听到 3 道题目,每道题目只放一遍。请大家像临场考试那样自我测试一下。每道题目的问题会说两遍。"这道题是一道真正的"监控"题。教师放录音,学生自己监控测试效果,有助于学生了解自己的不足之处,更有助于教师把握学生的学习情况,有的放矢地进行今后的教学工作。

本册教材所选题目的主题和考试句型都是与课文相匹配的。如果学生们掌握的情况较好,或者有很大的需求,可以把"听解 7"的题目拿来做课堂练习。如果没有这个需求,就按照原来的安排,让学生自己练习。

(五)"听后温故"

这个板块由两部分构成,其中"听解 6"是对本课单词和句型的复习,很有针对性,一定要让学生课后认真完成。"听解 7"是课内"自我测试"的延伸部分。教师可以根据情况选择在课堂内完成或是让学生课后完成。

本册教材的编写是全体编写人员通力合作的结果。虽然我们都担任过初级日语听力课程的教学工作,有一定的教学经验,同时我们也研读了国内外各类听力教材,吸取了各种知识和经验,但我们仍然感到能力有限,在教材的内容编排和听力技巧组合等各方面尚有许多不尽如人意的问题,希望使用者不吝指正。

陆　洁

2011 年 4 月 28 日

目　　录

第1课　清　音

> （1）掌握日语的清音。
>
> （2）听辨相近的发音。
>
> （3）听写由清音构成的日常寒暄语。
>
> （4）学会一首日语歌。
>
> （5）泛听——体验含有听不懂的单词和语法的听力过程。
>
> （6）听说——听说日常寒暄语。
>
> （7）跟读——跟读发音相近的单词。

听前热身

听解 1

1. **请大家根据五十音图清音表的顺序把假名连起来（第一个假名已圈出，或在阴影部分注明）。然后看看连成的图案是什么？图1和图2请按照"行"的顺序，图3和图4请按照"段"的顺序。图1从「あ行」到「さ行」，图2从「カ行」到「タ行」，图3到「ウ段」的「つ」为止，图4到「オ段」的「コ」为止。（本题无录音）**

图1	图2
べ　ふ　　さ　　も　へ ろ　　し　り　こ　け　み む　すせ　ま　や　　め ほ　そ　ら　もん　よ　ふ　ひ れ　　は　ん　　く　き ろ　　　ば　　ひ　か あ　　ろ　　　お ま　　う　ほ　え　れ 　　い　　　　べ	ヘ　ヒ　㋕　フ　フル ボヤ　ル　バ　キ　ト　ロ ロ　マ　ソ　ム　ケ　コ モ　タ　チ　メ　テ　ラ　ヘ ユ　ツ　ソ　ン　シ　ミ 　　セ　ス　モ　　ハ 　　　　ム　　　メ
まる _____	つき _____

图3							图4						
め	み	は	ひ	ふ	へ		ヨ	ミ	フ	イ	ル	ユ	ハ
へ	ゆ	あ	か	み	や		リ	ソ	コ	ホ	シ	キ	マ
よ	つ	も	み	さ	ゆ		ラ	オ	ヒ	モ	ヘ	チ	ヤ
す	く	ふ	り	な	た		ネ	テ	セ	ロ	ク	ウ	ニ
む	う	ゆ	れ	い	ろ		レ	マ	ケ	ヨ	ス	ム	ラ
ふ	に	ち	し	き	め		モ	ホ	エ	ヌ	ツ	フ	ヒ
り	ろ	ら	や	へ	ほ		ム	ヘ	ハ	レ	メ	リ	ミ

へや_____ _____	き _____

2. 听假名连线，画出图形（第一个假名已圈出）。

实听实练

听解 2

听录音,选出正确的答案。

(1) A すし　　　　B つち　　　　(2) A いと　　　　B そと

(3) A そしき　　　B ちしき　　　(4) A しかく　　　B ちかく

(5) A たに　　　　B たね　　　　(6) A あし　　　　B いし

(7) A すいか　　　B しいか　　　(8) A しけ　　　　B さけ

(9) A しあい　　　B てあし　　　(10) A きく　　　　B しく

(11) A いあい　　　B しあい　　　(12) A きつい　　　B しつい

(13) A いしき　　　B こしき　　　(14) A ちこく　　　B しこく

听解 3

1. 听绕口令,完成句子的填空。

(1) _____ _____ _____ 顔、_____ _____ _____ 顔

(2) _____ _____ 液キャベ、_____ _____ 液キャベ、_____ 液キャベ

2. 请再听一遍录音,边跟读边核对你的答案。

听解 4

听录音,选出正确的答案。

(1) A むすこ　　　B むすめ　　　(2) A あまい　　　B おもい

(3) A まち　　　　B みち　　　　(4) A ぬる　　　　B のる

(5) A ふる　　　　B ふろ　　　　(6) A れきし　　　B りきし

(7) A いあい　　　B いない　　　(8) A ひと　　　　B ひく

(9) A ゆめ　　　　B よめ　　　　(10) A にく　　　　B りく

(11) A とり　　　　B もり　　　　(12) A へた　　　　B ふた

(13) A ひゆ　　　　B ふゆ　　　　(14) A もの　　　　B もも

(15) A ライト　　　B ナイト　　　(16) A ホテル　　　B ホタル

(17) A カメラ　　　B アニメ　　　(18) A ココア　　　B コアラ

(19) A ナイフ　　　B ライフ　　　(20) A タルト　　　B トルコ

听解 5

1. 听录音，按照例子选择听到的单词。

例：Ⓐ さくら　　　Ｂ さかな　　　Ⓒ さこく

（1）Ａ きのこ　　　Ｂ ひのこ　　　Ｃ しのこ

（2）Ａ きおく　　　Ｂ きほく　　　Ｃ かおく

（3）Ａ いらい　　　Ｂ いない　　　Ｃ みらい

（4）Ａ ひかく　　　Ｂ しかく　　　Ｃ ちかく

（5）Ａ きつい　　　Ｂ あつい　　　Ｃ しつい

（6）Ａ かない　　　Ｂ からい　　　Ｃ かなり

（7）Ａ やまい　　　Ｂ まよい　　　Ｃ やよい

（8）Ａ いしき　　　Ｂ こしき　　　Ｃ そしき

（9）Ａ しろい　　　Ｂ くろい　　　Ｃ くらい

（10）Ａ ちこく　　　Ｂ しこく　　　Ｃ きこく

（11）Ａ アメリカ　　　Ｂ アフリカ　　　Ｃ アイリス

（12）Ａ スイス　　　Ｂ アイヌ　　　Ｃ アイス

2. 请再听一遍录音，并核对你的答案。

听解 6

1. 接下来每道题目有3个词组。看图并按照例子写出听到的3个词组中都含有的一个单词。
（1）到（10）题是平假名，（11）到（18）题是片假名。

例：

（は　な）

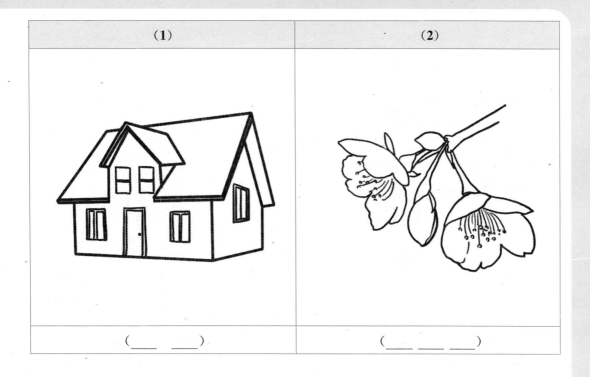

（1）

（＿＿＿　＿＿＿）

（2）

（＿＿＿　＿＿＿　＿＿＿）

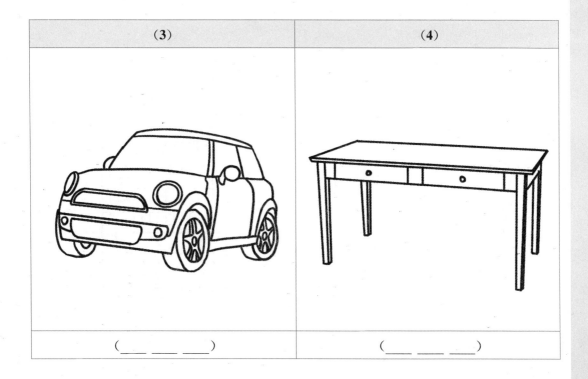

（3）

（＿＿＿　＿＿＿）

（4）

（＿＿＿　＿＿＿　＿＿＿）

(5)	(6)
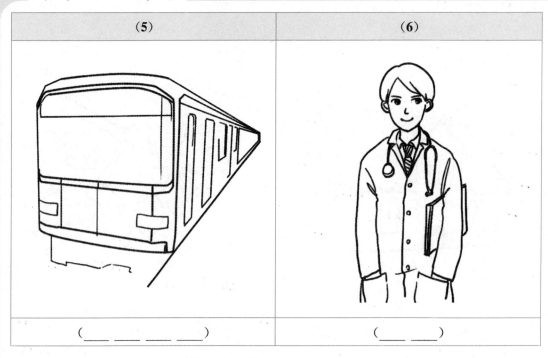	
(＿＿ ＿＿ ＿＿ ＿＿)	(＿＿ ＿＿)

(7)	(8)
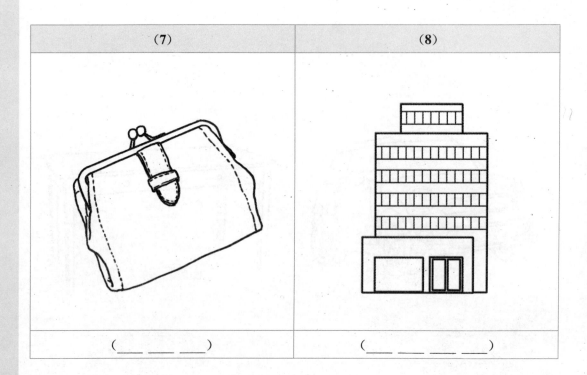	
(＿＿ ＿＿ ＿＿)	(＿＿ ＿＿ ＿＿ ＿＿)

(9)	(10)

(___ ___ ___)	(___ ___ ___)

(11)	(12)
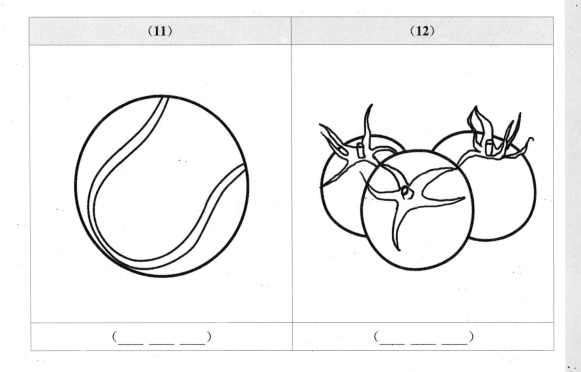	
(___ ___ ___)	(___ ___ ___)

(13)	(14)
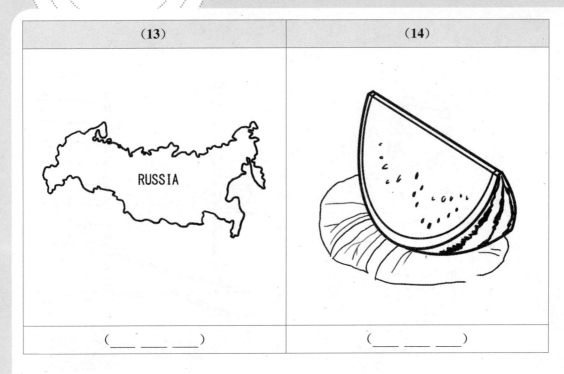	
(＿＿ ＿＿ ＿＿)	(＿＿ ＿＿ ＿＿)

(15)	(16)
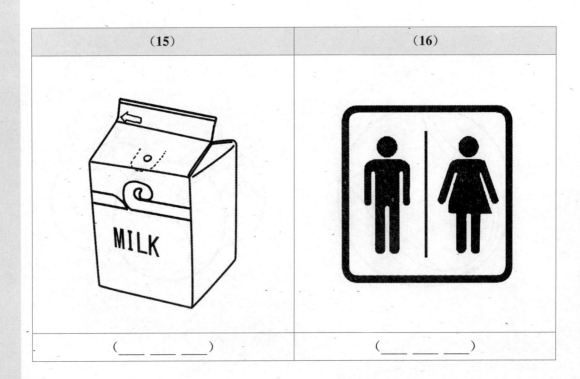	
(＿＿ ＿＿ ＿＿)	(＿＿ ＿＿ ＿＿)

(17)	(18)
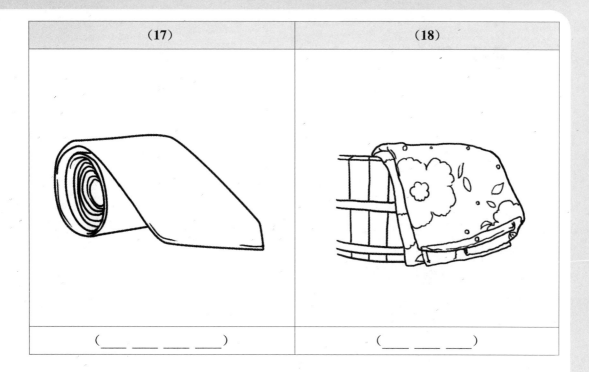	
(___ ___ ___ ___)	(___ ___ ___)

2.请再听一遍词组，并核对你的答案。

听解 7

1. 接下来将听到一些寒暄语。请大家在横线上填入听到的假名。

(1) こ＿＿＿＿ ＿＿＿＿ こそ。

(2) お＿＿＿＿ ＿＿＿＿ ＿＿＿＿ なさい。

(3) お ＿＿＿＿ ＿＿＿＿ ＿＿＿＿ なさい。

(4) お＿＿＿＿ ＿＿＿＿ ＿＿＿＿ しました。

(5) はい、＿＿＿＿ ＿＿＿＿ ＿＿＿＿ ました。

2.请再听一遍短句，边跟读边核对你的答案。

3.请试着跟同桌练习寒暄语。

轻松一刻

1. 听歌曲，并填空。

あ　い　う　え　おはよう
か　き　く　け　こん＿＿＿＿ちは
さ　し　す　せ　そうです＿＿＿＿
た　ち　つ　て　と＿＿＿＿だち
な　に　ぬ　ね　のんびり
みんなで　う＿＿＿＿いましょう。
は　ひ　ふ　へ　ほっかいどう
ま　み　む　め　もうい＿＿＿＿ど
や　ゆ　よ＿＿＿＿しく
ら　り　る　れ　ろくじゅう
わ　い　う　え　お＿＿＿＿り
んんんんんんん

2. 请再听一遍歌曲，边听边唱。

 听后温故

🔊 听解 8

1. 听录音，选出正确的答案。

（1）A ひま　　　　B しま　　　　　　（2）A かお　　　　B かわ
（3）A へた　　　　B ふた　　　　　　（4）A ちち　　　　B ちし
（5）A わな　　　　B わら　　　　　　（6）A さかな　　　B さくら
（7）A ふね　　　　B ほね　　　　　　（8）A すこし　　　B しかし
（9）A ほのお　　　B このは　　　　　（10）A ひとり　　　B ふたり
（11）A にかい　　　B りかい　　　　　（12）A いろいろ　　B いらいら
（13）A スイカ　　　B イルカ　　　　　（14）A トルク　　　B トルコ
（15）A ナイフ　　　B ライフ　　　　　（16）A マイク　　　B マスク
（17）A アイヌ　　　B アイス　　　　　（18）A アメリカ　　B アフリカ
（19）A トヨタ　　　B トルコ　　　　　（20）A ナイス　　　B ライス

2. 请再听一遍,并核对你的答案。

3. 请跟读听到的单词。

第2课 浊 音

（1）复习清音。

（2）掌握日语的浊音、半浊音和拨音，听辨相近的发音。

（3）听写由浊音、半浊音和拨音构成的日常寒暄语。

（4）听写由浊音、半浊音构成的拟声拟态词。

（5）泛听——体验含有听不懂的单词和语法的听力过程。

（6）朗读——朗读发音相近的单词。

听前热身

听解 1

找字游戏。请大家按照例子，听录音，根据插图的提示在下图中找出单词，每个单词中有一个假名已经在阴影部分注明。所有假名都在一条直线上。

例：	（1）	（2）

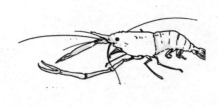

⑦	ミ	ス	ジ
セ	㋴	ズ	レ
ケ	キ	㋯	ツ
ト	ヨ	ダ	バ

ヂ	エ	セ	バ
ク	ビ	ミ	ア
チ	ズ	ザ	ピ
テ	ブ	ス	ヘ

ト	ツ	ム	ン
マ	ボ	メ	ヨ
ジ	ヘ	ビ	オ
ミ	ュ	エ	ベ

（3）

ジ	デ	ゼ	チ
ノ	チ	バ	ス
シ	ツ	ア	レ
ミ	パ	イ	ド

（4）

サ	ビ	ジ	ヒ
ヨ	ン	ツ	ミ
ヂ	ジ	ピ	ダ
タ	ズ	ネ	ボ

（5）

ロ	ク	ヨ	レ
イ	ネ	ム	リ
ュ	コ	ビ	ロ
コ	ダ	マ	キ

（6）

レ	キ	ポ	マ
パ	ン	ダ	ミ
リ	シ	ム	メ
ピ	ズ	タ	ボ

（7）

レ	ポ	ヲ	テ
ブ	ヅ	ヌ	フ
ネ	ズ	ミ	ヒ
シ	ゼ	ヘ	ラ

（8）

ポ	ヂ	ダ	シ
フ	ス	ル	グ
ネ	ブ	ケ	ビ
ク	タ	キ	マ

 **实听实练**

听解 2

接下来我们来体验一下日语的单词是如何发生变化的。

1. 下面每题都是各自不同的单词,组合起来后读音发生了变化,有时意思也会发生变化。请听句子,找出发音在哪里发生了变化,并填在横线上。(其中有浊音、半浊音、拨音的变化)

(1) A 腕　　　 B 時計　　　　 C 腕時計　　うでとけい
(2) A 山　　　 B 桜　　　　　 C 山桜　　　やまさくら
(3) A 手　　　 B 袋　　　　　 C 手袋　　　てふくろ
(4) A 桜　　　 B 坊　　　　　 C 桜ん坊　　さくら　　ぼう
(5) A けち　　 B 坊　　　　　 C けちん坊　けち　　ぼう
(6) A 三　　　 B 分　　　　　 C 間　　　　D 三分間　さんふんかん
(7) A 三　　　 B 千　　　　　 C 万　　　　D 三千万　さんせんまん

2. 请大家朗读以上单词。

听解 3

1. 听单词,给假名注上浊音或半浊音。

(1) ふ し さん　　　　　　　　(2) く あ い
(3) あ ね こ　　　　　　　　　(4) こ せ ん
(5) ハ イ フ　　　　　　　　　(6) ヒ テ オ
(7) こ こ　　　　　　　　　　(8) コ ン ヒ ニ
(9) つ き　　　　　　　　　　(10) つ っ き
(11) と き と き　　　　　　　(12) こ ま あ ふ ら
(13) う と ん　　　　　　　　(14) ク ラ フ
(15) と ん ふ り　　　　　　　(16) み き

2. 请大家朗读以上单词。

😊 听解 4

听词组，按照例子分别选出各组的读音。

例：（　B　）の担任　　　　　（　A　）になる
　　A くび　　　　　　　　　　　　　B くみ

（1）（　　　）にある　　　　　（　　　）の紅茶
　　　A ここ　　　　　　　　　　　　B ごご

（2）絵を（　　　）　　　　　　新しい（　　　）
　　　A かぐ　　　　　　　　　　　　B　かく

（3）（　　　）がいい　　　　　（　　　）が長い
　　　A あし　　　　　　　　　　　　B あじ

（4）（　　　）旅行　　　　　（　　　）する
　　　A かそく　　　　　　　　　　　B かぞく

（5）背が（　　　）　　　　　（　　　）の利益
　　　A たかい　　　　　　　　　　　B たがい

（6）よい（　　　）　　　　　（　　　）をつける
　　　A てんき　　　　　　　　　　　B でんき

（7）（　　　）肉がすき　　　（　　　）を閉める
　　　A ぶた　　　　　　　　　　　　B ふた

（8）（　　　）人物　　　　　（　　　）がいい
　　　A きげん　　　　　　　　　　　B きけん

（9）（　　　）技術　　　　　（　　　）をつける
　　　A かかく　　　　　　　　　　　B かがく

（10）中途（　　　）　　　　　（　　　）に入る
　　　A たいがく　　　　　　　　　　B だいがく

（11）試験に（　　　）する　　（　　　）に乗る
　　　A パス　　　　　　　　　　　　B バス

（12）（　　　）を出す　　　　（　　　）がおいしい
　　　A ピザ　　　　　　　　　　　　B ビザ

（13）（　　　）を読む　　　　花より（　　　）
　　　A だんご　　　　　　　　　　　B たんご

（14）素敵な（　　　）　　　　（　　　）の授業
　　　A イヤリング　　　　　　　　　B ヒヤリング

（15）歯を（　　　）　　　　　（　　　）を学ぶ

　　　　　A みがく　　　　　　　　　　B びがく

(16) (　　　)心が強い　　　(　　　)な政治家

　　　　　A いだい　　　　　　　　　　B いらい

(17) 家を(　　　)　　　　10時に(　　　)

　　　　　A ねる　　　　　　　　　　　B でる

(18) 京都と(　　　)　　　(　　　)を渡る

　　　　　A なだ　　　　　　　　　　　B なら

听解 5

1. 请大家区别以下发音。

清音的送气音：　　　着物　　き　も　の　　　　**き**もの

清音的不送气音：　　世界　　せ　か　い　　　　せ**か**い

浊音：　　　　　　　大事　　た　い　し　　　　**だい**じ

鼻浊音：　　　　　　双子　　ふ　た　ご　　　　ふた**ご**

半浊音的不送气音：三分　　さ　ん　ふ　ん　　さん**ぷ**ん

2. 听单词，给假名注上浊音或半浊音。

(1) エ　ン　シ　ニ　ア　　　　(2) ホ　ス　ト

(3) と　も　た　ち　　　　　　(4) こ　い　ひ　と

(5) テ　シ　カ　メ　　　　　　(6) ヘ　ラ　ン　タ

(7) タ　ハ　コ　　　　　　　　(8) い　ち　か　つ

(9) あ　つ　あ　け　　　　　　(10) に　か　て

(11) ひ　ん　は　ん　　　　　　(12) か　い　ら　い　こ

(13) ひ　た　り　　　　　　　　(14) え　ん　ひ　つ

(15) ハ　ト　ミ　ン　ト　ン

3. 请大家朗读上述单词。

听解 6

1. 接下来将听到一些寒暄语。请大家在横线上填入听到的假名。

(1) お_____　_____　_____ します。

(2) _____　_____ いま。

(3) _____　_____　_____　_____ は。

（4）お_____　_____　_____　_____　_____ です。

（5）_____　_____　_____　_____ ます。

（6）お_____　_____　_____ に。

（7）お_____　_____ ですか。

（8）お_____　_____　_____　_____　_____ 元気です。

2.请再听一遍短句,边跟读边核对你的答案。

轻松一刻

1. 听句子,在划线的单词中需要的地方注上浊音、半浊音。(请注意是需要的地方。)

（1）雨がさ　あ　さ　あ降ってきます。

（2）しとしと降る冬の雨が好きです。

（3）風で雨戸がか　た　か　たしました。

（4）雷がこ　ろ　こ　ろしてきました。

（5）木の葉がさ　ら　さ　らと音を立てました。

2. 请大家朗读上述句子。

3. 请跟据录音跟读听到的单词。

（1）	（2）
あの奥さんは人のうわさをべらべらしゃべる。	思わずみんなじろじろと頭を見て通り過ぎる。

（3）	（4）

お祭りの太鼓が<u>どんどん</u>と鳴り響く。

二日酔いで頭が<u>がんがん</u>痛む。

（5）	（6）

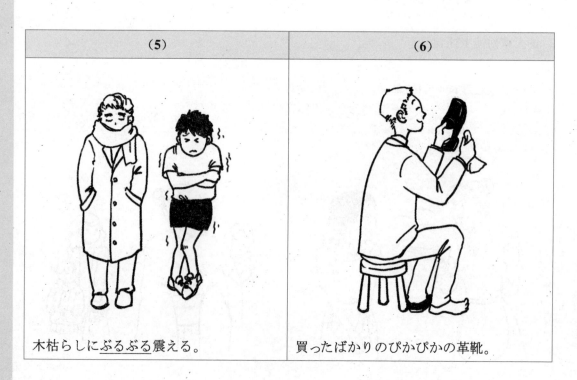

木枯らしに<u>ぶるぶる</u>震える。

買ったばかりの<u>ぴかぴか</u>の革靴。

(7)	(8)
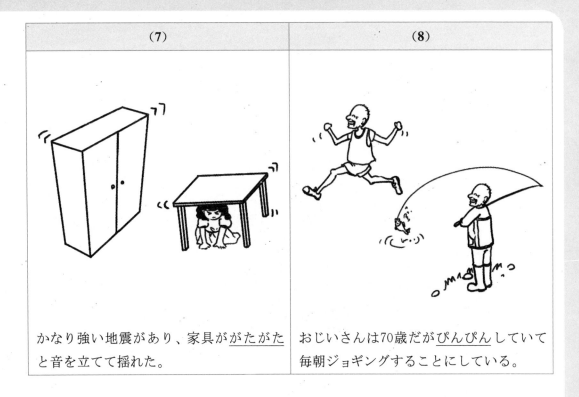	
かなり強い地震があり、家具が<u>がたがた</u>と音を立てて揺れた。	おじいさんは70歳だが<u>ぴんぴん</u>していて毎朝ジョギングすることにしている。

 听后温故

🎧 **听解 7**

1. 听录音,选择正确的单词。

（1）A とこ　　　　　B どこ　　　　　（2）A ころも　　　　B こども

（3）A かくど　　　　B がくと　　　　（4）A ぶたい　　　　B ふたい

（5）A しんぽん　　　B しんぶん　　　（6）A くび　　　　　B くみ

（7）A しない　　　　B しがい　　　　（8）A おたく　　　　B おだく

（9）A クラス　　　　B グラス　　　　（10）A うどん　　　　B ふとん

（11）A だんたい　　　B だいたい　　　（12）A きおん　　　　B ぎおん

（13）A こんぽん　　　B こんばん　　　（14）A きけん　　　　B きげん

（15）A ピザ　　　　　B ビザ

2. 请大家朗读上述单词。

第3课　促音と長音

 听前热身

听解 1

找字游戏。

1. 请大家听录音，在下图中找出单词，每个单词中有一个假名已经在阴影部分注明。所有假名都在一条直线上。

(1)

お	じ	い	き
お	と	え	い
さ	う	お	ろ
か	い	た	い

(2)

ち	き	こ	う
り	い	く	か
さ	て	さ	て
か	わ	い	い

(3)

た	お	な	じ
ふ	い	か	ど
ぶ	し	ろ	う
き	い	う	い

(4)

イ	セ	ク	ヨ
ジ	キ	レ	イ
ウ	レ	タ	コ
ス	エ	ア	イ

(5)

ソ	ト	ィ	ク
ノ	オ	オ	イ
カ	イ	ン	ズ
キ	ビ	シ	ィ

(6)

シ	マ	ュ	オ	ゴ
ア	ツ	ウ	ク	ミ
カ	ツ	コ	イ	イ
ノ	オ	ウ	シ	サ
エ	イ	エ	ン	ク

2. 请大家再听一遍录音，并核对你的答案。

3.请大家朗读上面的单词。

 实听实练

🎧 听解 2

接下来我们来体验一下日语单词的一些发音变化。

1. 下面每题的单词都是同一个意思，但是具有不同的发音。请听句子，找出哪里发生了变化，并填在横线上。（其中有促音、拨音、半浊音的变化，并且同一单词可能发生不同变化）

（1）A やはり　　　　B や　　は　　り
（2）A とても　　　　B と　　て　　も
（3）A あまり　　　　B あ　　ま　　り
（4）A まなか　　　　B ま　　な　　か
（5）A 日本　　　　　B に　　ほ　　ん
（6）A 一人　　　　　B 子　　　　　　C ひ　と　り　こ
（7）A 末　　　　　　B 子　　　　　　C す　え　こ
（8）A 一　　　　　　B 階　　　　　　C い　か　い
（9）A 一　　　　　　B 千　　　　　　C 万　　　　　　D い　せ　ん　ま　ん
（10）A 六　　　　　B 本　　　　　　C 木　　　　　　D ろ　ほ　ん　き

2. 请大家朗读以上单词。

🎧 听解 3

1.听单词，请在横线上注上促音或长音。（每个单词只有一处要填空）

（1）れ　ぞ　う　こ　　　　　　　（2）べ　ん　と
（3）こ　む　い　ん　　　　　　　（4）ひ　こ　し
（5）け　こ　ん　　　　　　　　　（6）が　こ　う
（7）ひ　こ　き　　　　　　　　　（8）ぼ　し
（9）た　い　ふ　　　　　　　　　（10）す　ず　し
（11）セ　ト　　　　　　　　　　（12）タ　ク　シ

(13) チ ケ ト　　　　　　　(14) プ ル

(15) ア パ ト　　　　　　　(16) サ ラ リ マ ン

(17) サ カ ー　　　　　　　(18) ク キ ー

2. 请大家朗读以上单词。

听解 4

听词组，按照例子分别选出各组的读音。

例：(B)を買う　　　　　(A)データー

　　A とうけい　　　　　　　　B とけい

（1）きれいな（　　　）　　　（　　　）を出す

　　A ゆき　　　　　　　　　　B ゆうき

（2）（　　　）とスノーボート　音楽が（　　　）

　　A スキー　　　　　　　　　B すき

（3）冷えた（　　　）　　　　高層（　　　）

　　A ビル　　　　　　　　　　B ビール

（4）（　　　）を飼う　　　　（　　　）に入る

　　A ペット　　　　　　　　　B ベッド

（5）今後の（　　　）　　　　引退を（　　　）する

　　A てっかい　　　　　　　　B てんかい

（6）（　　　）の思い出　　　（　　　）をかける

　　A いっぱい　　　　　　　　B しんぱい

（7）（　　　）食品　　　　　（　　　）が長い

　　A せんせん　　　　　　　　B せいせん

（8）（　　　）とエープリル　（　　　）箱

　　A マッチ　　　　　　　　　B マーチ

（9）（　　　）電話　　　　　（　　　）案内図

　　A けいたい　　　　　　　　B けいだい

（10）（　　　）地図　　　　目頭（　　　）

　　A せかい　　　　　　　　　B せっかい

（11）（　　　）に落ちる　　　（　　　）を持つ

　　A こい　　　　　　　　　　B こうい

（12）（　　　）がある　　　　（　　　）を書く

Aにっき　　　　　　　　　　Bにんき

(13) (　　　)な歌　　　　　(　　　)を見る

　　　Aゆうめい　　　　　　　　Bゆめ

(14) (　　　)分野　　　　　(　　　)を収める

　　　Aせんこう　　　　　　　　Bせいこう

(15) (　　　)になる　　　　(　　　)を着ている

　　　Aゆかた　　　　　　　　　Bゆうがた

(16) (　　　)と学生　　　　(　　　)布告

　　　Aせんせい　　　　　　　　Bせんせん

(17) (　　　)に勤める　　　防犯(　　　)

　　　Aきんこ　　　　　　　　　Bぎんこう

(18) (　　　)社員　　　　　問題を(　　　)する

　　　Aはけん　　　　　　　　　Bはっけん

听解 5

1. 听单词，把单词补充完整。填写或修改的是拨音、浊音、半浊音、促音或长音。（每个单词需要填写或修改的地方不止一处）

例：エ　シ　ニ　ア
　　エ　__ン__ __ジ__ ニ　ア

(1) ゆ　か　た　　　　　　　　　(2) ト　ラ　イ　フ
(3) レ　ホ　ト　　　　　　　　　(4) ハ　イ　キ　ク
(5) た　い　か　く　せ　　　　　(6) ほ　か　い　と
(7) ヨ　ク　ル　ト　　　　　　　(8) チ　ス　ケ　キ
(9) リ　ヒ　ク　ル　ム　　　　　(10) ク　レ　シ　ト　カ　ト
(11) イ　タ　ネ　ト　　　　　　　(12) ス　ハ　マ　ケ　ト

2. 请大家大声朗读上述单词。

听解 6

1. 接下来你将听到一些寒暄语。请大家在横线上填入听到的假名。

(1) ＿＿＿＿＿＿＿＿＿＿＿＿＿＿＿＿＿＿なら。

(2) ＿＿＿＿＿＿＿＿＿＿＿＿＿＿＿＿＿＿ございます。

(3) ＿＿＿＿＿＿＿＿＿＿＿＿＿＿＿＿＿＿まして。

全新日本语听力
1

(4) _____でした。

(5) _____ございます。

(6) _____ください。

(7) _____こそ_____しゃいました。

2. 请再听一遍短句，边跟读边核对你的答案。

 **轻松一刻**

　　下面我们来做一个情景会话。假设你打工赚了第一份工资，给家里人分别买了礼物。让我们根据下面的图片提示一起来听一听。

1. 请大家根据会话的内容，完成下面的填空。A 列是填写长音，B 列是根据需要填写促音、长音、浊音或半浊音。

(1)

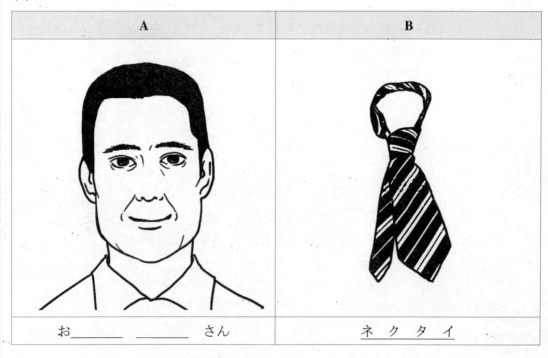

A	B
お_____　_____さん	ネクタイ

24

（2）

A	**B**
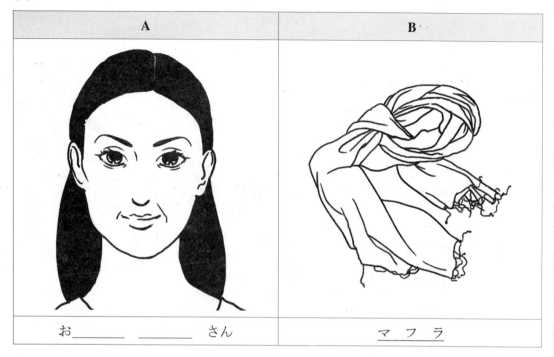	
お_____ _____さん	マ フ ラ

（3）

A	**B**
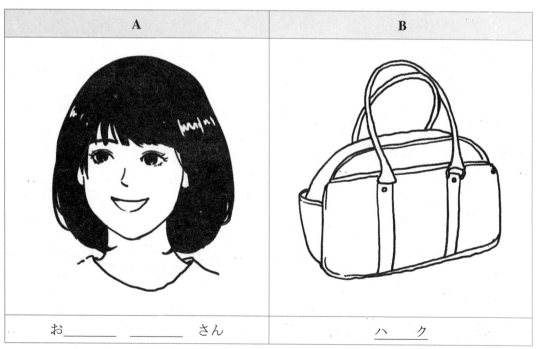	
お_____ _____さん	ハ　ク

（4）

A	B
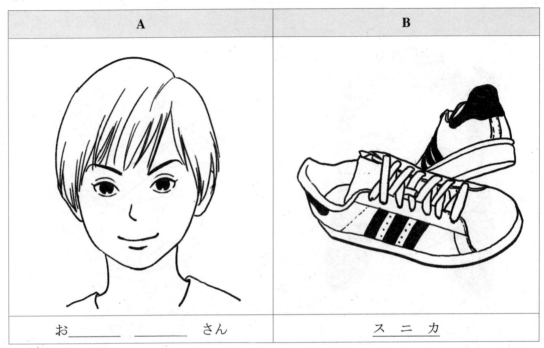	
お＿＿＿ ＿＿＿ さん	ス ニ カ

（5）

A	B
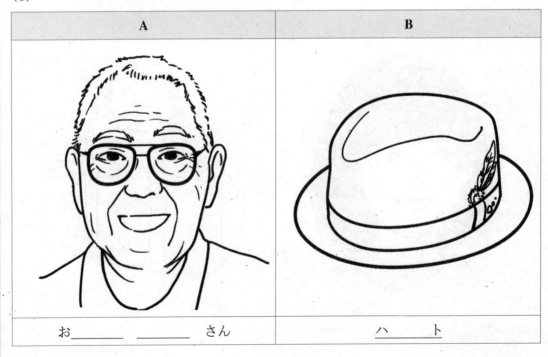	
お＿＿＿ ＿＿＿ さん	ハ ＿＿ ト

（6）

A	B
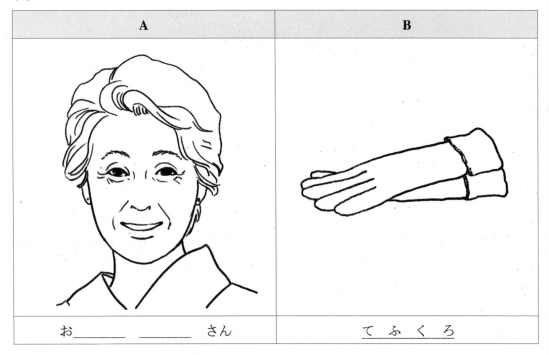	
お_____　_____さん	て　ふ　く　ろ

2. 请再听一遍会话，并核对你的答案。

 听后温故

听解 7

1. 听录音，选择正确的单词。

（1）Aほそう　　　　Bほうそう　　　　（2）Aせんせい　　　Bせいせん

（3）Aきっぷ　　　　Bキープ　　　　　（4）Aあっか　　　　Bあか

（5）Aマット　　　　Bまど　　　　　　（6）Aはっぱ　　　　Bはば

（7）Aマッチ　　　　Bまち　　　　　　（8）Aコピー　　　　Bコーヒー

（9）Aおじいさん　　Bおじさん　　　　（10）Aハット　　　　Bハート

（11）Aけいたい　　　Bけたい　　　　　（12）Aベッド　　　　Bペット

（13）Aぎんこう　　　Bきんこ　　　　　（14）Aげんかん　　　Bげいかい

（15）Aはけん　　　　Bはっけん　　　　（16）Aネックレス　　Bネクタイ

2. 请大家朗读以上单词。

第4课　拗　音

学习
目标

（1）复习前三课的发音。

（2）听辨相近的发音。

（3）学习绕口令。

（4）练习职业、地名等含有拗音的单词。

（5）泛听——体验含有听不懂的单词和语法的听力过程。

（6）朗读——朗读含有拗音的单词。

听前热身

听解 1

接下来是日本地图的说明。每道题都是关于一个「地方」和两个「县」的说明。

1. 请大家根据地图的提示，听录音，并选择正确的读音。

(1)

九　州　地　方	①A きょうしゅう	B きゅうしゅう
大　分　県	②A おおいた	B おいいた
鹿児島　県	③A かごしま	B かのしま

(2)

中　国　地　方	④A ちょうごく	B ちゅうごく
鳥　取　県	⑤A とりとり	B とっとり
広　島　県	⑥A ひろしま	B ひるしま

(3)

近　畿　地　方

| 京　都　府 | ⑦A きょうと | B ちゅうと |
| 大　阪　府 | ⑧A おおさか | B おいさか |

2. 请大家朗读上述地名。

 实听实练

🙂 听解2

接下来我们来听辨某些相近的发音。听录音，看看 A 与 B 或者 C 有什么区别？

1. 听录音，完成填空。

例：A 私有地　　　　　B 周知　　しゅうち＿＿＿＿＿

(1) A 自由　　　　　　B 十　　　じ　　　う＿＿＿＿＿＿

(2) A 美容院　　　　　B 病院　　び　　　いん＿＿＿＿＿

(3) A 使用権　　　　　B 証券　　し　　　けん＿＿＿＿＿

(4) A 利用　　　　　　B 極端　　　　　C 両極端　　り　う　き　くたん＿＿＿＿

2. 请大家朗读以上单词。

(二) 听解 3

听词组，选择正确的答案。

(1) (　　　　)インテリア　　　(　　　　)と共催

　　A しょさい　　　　　　　　　　B しゅさい

(2) (　　　　)ランキング　　発音の(　　　　)をする

　　A れんしゅう　　　　　　　　　B ねんしゅう

(3) (　　　　)ずつ配る　　　(　　　　)という名前

　　A じゅっこ　　　　　　　　　　B じゅんこ

(4) (　　　　)勉強　　　　　(　　　　)をつける

　　A じょうけん　　　　　　　　　B じゅけん

(5) (　　　　)駅　　　　アメリカへ(　　　　)する

　　A しゅっぱつ　　　　　　　　　B しはつ

(6) (　　　　)漬物　　　　成功と(　　　　)

　　A しょっぱい　　　　　　　　　B しっぱい

(7) (　　　　)と新年　　　(　　　　)と今年

　　A きょねん　　　　　　　　　　B きゅうねん

(8) (　　　　)旅行　　　　(　　　　)を学ぶ

　　A しょうがく　　　　　　　　　B しゅうがく

(9) (　　　　)に行く　　　(　　　　)懸命

　　A いっしょ　　　　　　　　　　B いっしょう

(10) 現場(　　　　)　　サッカーのアジアカップ(　　　　)

　　A けっしょう　　　　　　　　　B けんしょう

(11) 海外(　　　　)　　　(　　　　)そこへ行く

　　A しゅっちょう　　　　　　　　B しょっちゅう

(12) 感動した(　　　)　　　(　　　)になる

　　　A しゅんかん　　　　　　　B しゅうかん

(13) (　　　)草　　　　　　(　　　)の日

　　　A しゅんぶん　　　　　　　B しゅうぶん

听解 4

1. 听录音,把单词补充完整。

（1）いし____

（2）き_____し

（3）サッカーせ　し____

（4）り___がく　せ____

（5）せんぎ____し___ふ

（6）うんてんし____

（7）じ___き・じ

（8）び___し

（9）ジ_____ナリスト

(10) フ___シ___デザイナー

(11) ベビーシ___ター

(12) マネ___ジ___

(13) ボランテ___ア

(14) ウ___トレス

(15) スチ___ワーデス

2.请大家大声朗读以上单词。

听解 5

1. 接下来每道题目有3个词组。看图并仿照例子写出听到的3个词组中都含有的一个单词。
　　（1）到（10）题是平假名,（11）到（18）题是片假名。

例:

(じしょ)

（1）	（2）

(＿ ＿ ＿ ＿ ＿ ＿ ＿)	(＿ ＿ ＿ ＿ ＿)

（3）	（4）

(＿ ＿ ＿ ＿ ＿ ＿ ＿)	(＿ ＿ ＿ ＿ ＿ ＿ ＿)

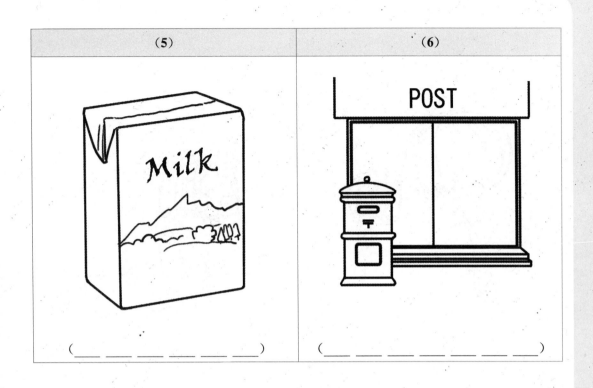

（5）

Milk

（　＿　＿　＿　）

（6）

POST

（　＿　＿　＿　）

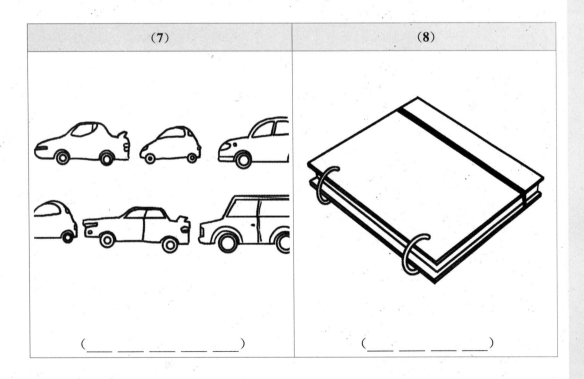

（7）

（　＿　＿　＿　）

（8）

（　＿　＿　＿　）

（9）	（10）
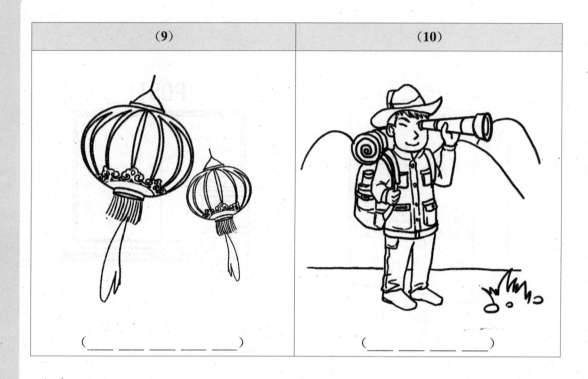	
（＿ ＿ ＿ ＿ ＿）	（＿ ＿ ＿ ＿ ＿）

（11）	（12）
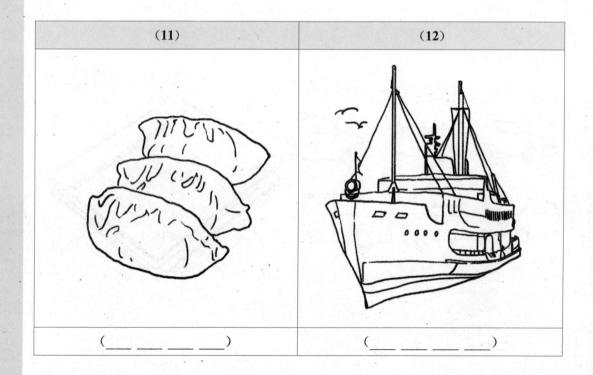	
（＿ ＿ ＿ ＿ ＿）	（＿ ＿ ＿ ＿ ＿）

(13)	(14)
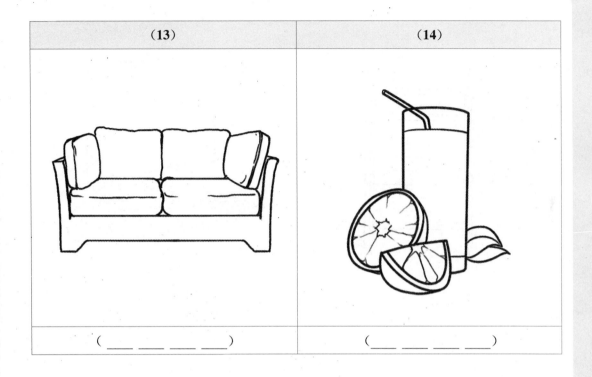	
(＿＿ ＿＿ ＿＿ ＿＿)	(＿＿ ＿＿ ＿＿ ＿＿)

(15)	(16)
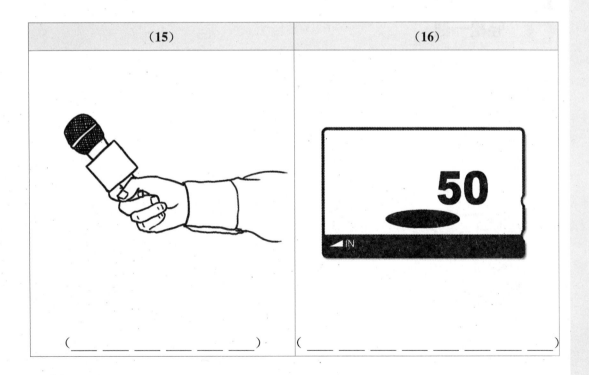	
(＿＿＿＿＿＿＿＿＿＿)	(＿＿＿＿＿＿＿＿＿＿)

(17)	(18)
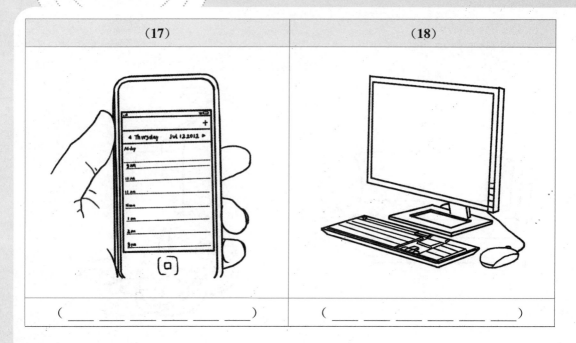	
(＿ ＿ ＿ ＿ ＿ ＿ ＿ ＿)	(＿ ＿ ＿ ＿ ＿ ＿ ＿ ＿)

2. 请再听一遍词组，并核对你的答案。

 轻松一刻

接下来让我们轻松一下，学习一下日语的绕口令。请大家跟读绕口令，然后跟同桌相互练习几遍。

(1)	(2)
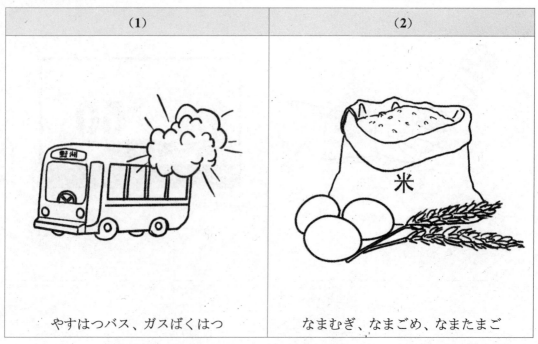	
やすはつバス、ガスばくはつ	なまむぎ、なまごめ、なまたまご

(3)	(4)
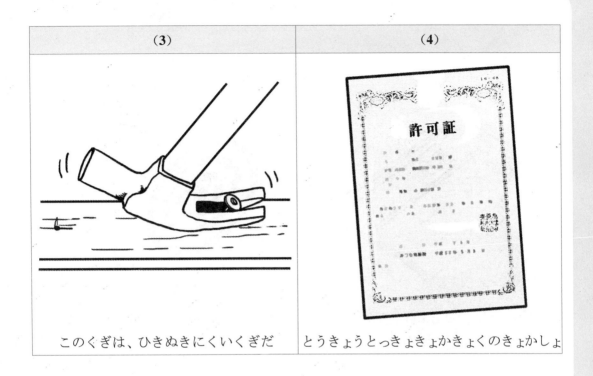	
このくぎは、ひきぬきにくいくぎだ	とうきょうとっきょきょかきょくのきょかしょ

(5)	(6)
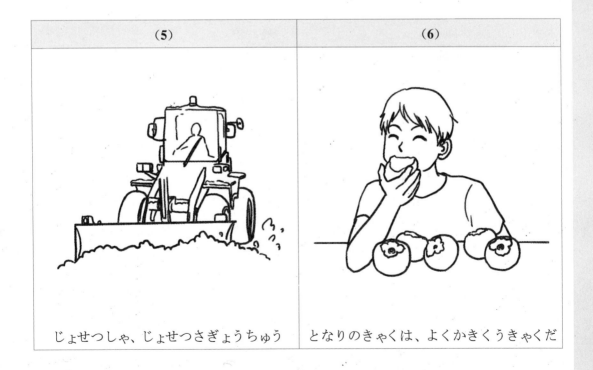	
じょせつしゃ、じょせつさぎょうちゅう	となりのきゃくは、よくかきくうきゃくだ

(7)	(8)
 しゆんぶんのひとしゅうぶんのひの しんぶん	 ひゃくせんひゃくしょう、ひゃっばつ ひゃくちゅう

 听后温故

听解6

1. 听录音,选择正确的答案。

（1）A じゅっけん　　　B じゅけん　　　（2）A しょくだい　　　B しゅくだい

（3）A しゅさい　　　B しょさい　　　（4）A しょかん　　　B しゅかん

（5）A けっしょう　　　B けしょう　　　（6）A きゅうちゅう　　　B きゅうちょう

（7）A しゅっちょう　　　B しょっちゅう　　　（8）A しょうてん　　　B しょてん

（9）A ちょうかい　　　B ちゅうかい　　　（10）A じょせつ　　　B じゅっせつ

（11）A せんしゅ　　　B せんしゅう　　　（12）A じゅうぎょう　　　B じょうきょう

（13）A しゅうかん　　　B しゅんかん　　　（14）A じゅぎょう　　　B じゅうぎょう

（15）A しょうかん　　　B しゅうかい　　　（16）A しゅうぶん　　　B しゅんぶん

2. 请再听一遍,并核对你的答案。

3. 请大家跟读听到的寒暄语。

第 5 课　自己紹介

学习
目标

（1）掌握常用的姓名、国家、年级和兴趣等的说法。
（2）掌握名词谓语句的肯定句式和否定句式的用法。
（3）掌握常用寒暄语的用法。
（4）跟读、预测和泛听。

 听前热身

 听解 1

1. 听会话，选择与内容相符的图。

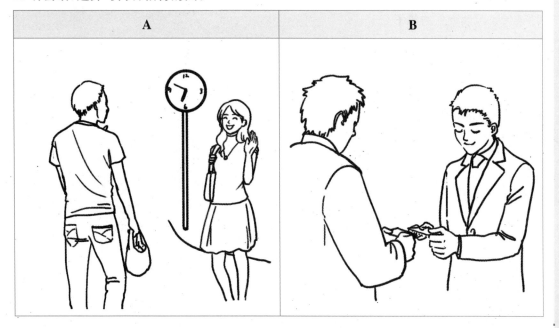

A	B

C	D
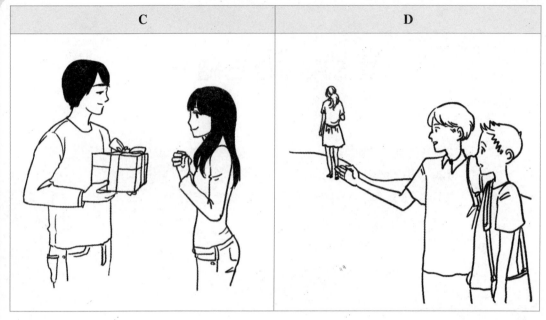	

(1) _____

(2) _____

(3) _____

(4) _____

2. 请大家跟读听到的句子。

  实听实练

听解 2

1. 听会话,选择女孩的名字或者来自何地方。

（1）A キム   B 木村（きむら）

（2）A 佐藤（さとう）   B 加藤（かとう）

（3）A アフリカ   B アメリカ

（4）A イタリア   B イギリス

2. 请大家朗读上述名字和国家。

听解 3

1. 听会话，把会话中出现的人名和国籍连起来。

木村（キムラ）　　　　　　　　　中国

　　　　　　　　　　　　　　　　日本

　　　　　　　　　　　　　　　　アメリカ

マリー　　　　　　　　　　　　　韓国

ジョン　　　　　　　　　　　　　イギリス

2. 请再听一遍会话，并核对你的答案。

听解 4

　　接下来是一段关于留学生欢迎晚会的会话。晚会是由日本学生田中主持的，田中的专业是"経済学"。大家在晚会上分别作了自我介绍，例如国家、专业和兴趣爱好等。请大家想一想下面单词的日语说法，并预测一下会话内容。

体育类：篮球、羽毛球、足球、网球等。
文艺类：音乐、绘画、舞蹈等。
娱　乐：读书、看电影、打游戏等。
专　业：计算机、经济学、日语等。

1. 听会话，完成下列信息的填空。

名前：田中

国　：日本

趣味：

名前：王明

国　：

趣味：バドミントン

名前：マリー

国　：

趣味：

```
名前：
国　：韓国
趣味：音楽
```

2. 请再听一遍会话，核对你的答案。

 自我测试

听解5

　　接下来你将听到6道题目，每道题目只放一遍。请大家像临场考试那样自我测试一下。每道题目的提问会说两遍。问题5和问题6是无图题。

　　この問題では、まず質問を聞いてください。それから、話を聞いて、正しい答えを一つ選んでください。

1番

1.

```
三菱株式会社
営業課
       なか だ   ふみ お
       中田　文雄　課長
          電話：×××－××××－××××
          メールアドレス：×××××@×××．×××
```

2.

```
三菱株式会社
営業課
       とよ だ   ふみ お
       豊田　文雄　課長
          電話：×××－××××－××××
          メールアドレス：×××××@×××．×××
```

3.

```
三菱株式会社
営業課
       た なか   ふみ お
       田中　文雄　課長
          電話：×××－××××－××××
          メールアドレス：×××××@×××．×××
```

4.

```
三菱株式会社
営業課
       たか だ   ふみ お
       高田　文雄　課長
          電話：×××－××××－××××
          メールアドレス：×××××@×××．×××
```

2番

1.
一年生

2.
二年生

3.
三年生

4.
四年生

3番

答え（　　　）

4番

答え（　　　）

5番

```
ーメモー
```

6番

```
ーメモー
```

轻松一刻

辛苦啦！让我们来听首日语歌吧。

赤（あか）とんぼ

夕焼（ゆうや）け小焼（こや）けの　赤（あか）とんぼ
負（お）われて　見（み）たのは
いつの日（ひ）か

山（やま）の畑（はたけ）の　桑（くわ）の実（み）を
小（こ）かごに摘（つ）んだは
まぼろしか

十五（じゅうご）でねえやは　嫁（よめ）に行（ゆ）き
お里（さと）の　便（たよ）りも
絶（た）え果（は）てた

夕焼（ゆうや）け小焼（こや）けの　赤（あか）とんぼ
とまっているよ
竿（さお）の先（さき）

听后温故

听解 6

1. 听短文,完成填空。

　　私は＿＿＿＿＿＿学部の三年生です。日本人ではありません。＿＿＿＿＿＿です。出身は中国の＿＿＿＿＿＿です。ブランさんとアンナさんも外国人留学生です。ブランさんは＿＿＿＿＿＿人です。彼は三年生ではありません。＿＿＿＿＿＿です。彼の趣味は＿＿＿＿＿＿です。アンナさんも二年生です。＿＿＿＿＿＿人です。彼女の趣味もテニスです。

2. 请再听一遍短文,并核对你的答案。

听解 7

　　接下来你将听到6道题目,每道题目只放一遍。请大家像临场考试那样自我测试一下。每道题目的提问会说两遍。问题5和问题6是无图题。

　　この問題では、まず質問を聞いてください。それから、話を聞いて、正しい答えを一つ選んでください。

1番

1.
あいはら
あいこ

2.
おいはら
あいこ

3.
めいはら
あいこ

4.
さいはら
あいこ

2番

1.
インド

2.
インドネシア

3.
ドイツ

4.
イギリス

3番

答え（　　）

4番

答え（　　）

5番　答え（　　）

ーメモー

6番　答え（　　）

ーメモー

第6课　私の家族

（1）掌握职业和年龄的表达。
（2）掌握名词谓语句的中顿的「で」的用法。
（3）掌握「います」的用法。
（4）跟读和推测。

听前热身

听解1

1. 模仿例子写出对应单词的假名。（本题无录音）

例 ＿＿＿＿はは＿＿＿＿：おかあさん

（1）＿＿＿＿＿＿＿＿＿：おとうさん

（2）あね：＿＿＿＿＿＿＿＿＿＿

（3）＿＿＿＿＿＿＿＿＿：おにいさん

（4）＿＿＿＿＿＿＿＿＿：おじさん

（5）かない（家内）：＿＿＿＿＿＿＿

（6）＿＿＿＿＿＿＿＿：おとうとさん

（7）＿＿＿＿＿＿＿＿：いもうとさん

（8）おば：＿＿＿＿＿＿＿＿＿＿

2. 会话中的女性是什么职业或者具体年龄是多少？

（1）A 弁護士　　　　　　　　　B 医師

（2）A 専業主婦　　　　　　　　B サラリーマン

（3）A エンジニア　　　　　　　B デザイナー

（4）A 31歳　　　　　　　　　　B 32歳

（5）A いつつ   B ななつ

3. 请大家跟读听到的句子。

实听实练

听解 2

1. 推测会话中出现的单词的意思。

（1）推测下列方位词的意思，把假名和汉字连起来。

まんなか   となり   まえ

前   ．   まん中   隣

（2）猜测「甥（おい）」这个单词的意思。

2. 看图听会话，写出 A 一E 分别是谁。

A: _____   B: _____   C: _____   D: _____   E: _____

3. 请再听一遍会话，并核对你的答案。

🙂 听解 **3**

1. 听会话，判断下列句子的正误。

(1) (　　　　) この写真は田中さんの家族の写真です。

(2) (　　　　) この写真は二年前の写真です。

(3) (　　　　) 田中さんの叔父さんは公務員で、おばさんは家庭主婦です。

(4) (　　　　) 写真の中の正雄さんは、小学校二年生です。

(5) (　　　　) 正雄さんは、今、銀行員です。

2. 请再听一遍会话，并核对你的答案。

🙂 听解 **4**

1. 推测下面三个单词的意思 。A 类是关于婚姻状况的词，B 类是关于兄弟姐妹的词。请完成假名和日语汉字的连线题。

　　A　けっこん　　　　どくしん　　　　こいびと

　　　　結婚　　　　恋人　　　　独身

　　B　すえっこ　　　　ひとりっこ　　　　きょうだい

　　　　兄弟　　　　末っ子　　　　一人っ子

2. 听短文,完成下列表格里的选项。

家族	年齢	職業
父	62歳	(A：弁護士　B：看護師)
母	(A：60歳　B：59歳)	主婦
兄	(A：34歳　B：35歳)	医師
姉	32歳	(A：教師　B：医師)
私	20歳	(A：1年生　B：2年生)

3. 请再听一遍短文,完成下列问题的选项。

(1) 佐藤さんは東京の人ですか。

　　A：はい　　　　　　　　　　　B：いいえ

(2) 佐藤さんの家は大家族ですか。

　　A：はい　　　　　　　　　　　B：いいえ

(3) 佐藤さんのお姉さんは一番上ですか。

　　A：はい　　　　　　　　　　　B：いいえ

(4) 佐藤さんは兄弟ど三番目ですか。

　　A：はい　　　　　　　　　　　B：いいえ

(5) 佐藤さんは恋人がいますか。

　　A：はい　　　　　　　　　　　B：いいえ

4. 请再听一遍短文,并核对你的答案。

 自我测试

听解5

　　接下来你将听到6道题目,每道题目只放一遍。请大家像临场考试那样自我测试一下。问题5和问题6是无图题。

　　この問題では、まず質問を聞いてください。それから、話を聞いて、正しい答えを一つ選んでください。

1番

1.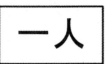

2.

3.

4.

2番

1.

教師

2.

医師

3.

弁護士

4.

政治家

3番

答え（　　）

4番

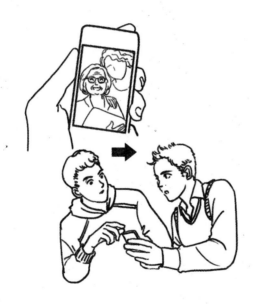

答え（　　）

5番　答え（　　）

```
ーメモー


```

6番　答え（　　　）

─メモ─

 轻松一刻

辛苦啦!让我们来听首日本歌吧。

さくらさくら

さくら さくら
やよいの空は
見わたす限り
かすみか雲か
匂いぞ出ずる
いざや いざや
見にゆかん

 听后温故

听解 6

1. 听短文,完成填空。

　　サリさんは中国＿＿＿＿の人です。これはサリさんの家族の写真です。サリさんの家族は ＿＿＿＿家族です。前の列の3人はご＿＿＿＿と妹さんです。後ろの3人は＿＿＿＿のお兄さんとサリさんです。上のお兄さんは＿＿＿＿です。下のお兄さんは＿＿＿＿です。サリさんも大学生で、いま、＿＿＿＿にいます。サリさんの妹さんは大学生ではありません。＿＿＿＿＿＿です。

2.请再听一遍短文,并核对你的答案。

听解 7

　　接下来你将听到6道题目,每道题目只放一遍。请大家像临场考试那样自我测试一下。每道题目的提问会说两遍。问题5和问题6是无图题。

　　この問題では、まず質問を聞いてください。それから、話を聞いて、正しい答えを一つ選んでください。

1番

この女の人はどの人ですか。

1.

　59歳　　58歳

2.

　27歳

3.

　25歳

4.

　23歳

2番

1.

一人

2.

二人

3.

三人

4.

四人

3番

答え（　　）

4番

答え（　　）

5番　答え（　　）

―メモ―

6番　答え（　　）

―メモ―

第7课　私の部屋

学习目标

听前热身

 听解 1

1. 听短会话，选择与内容相符的图片。

例：

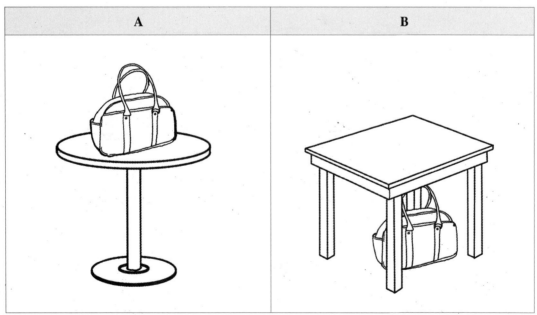

A	B

(1)

A	B
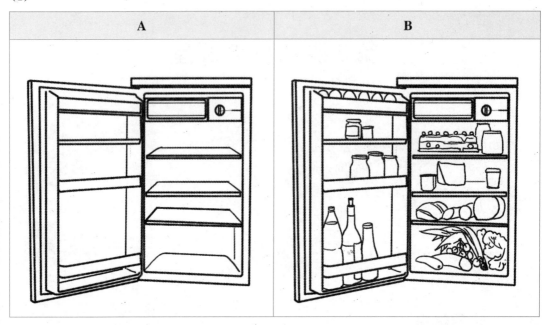	

(2)

A	B
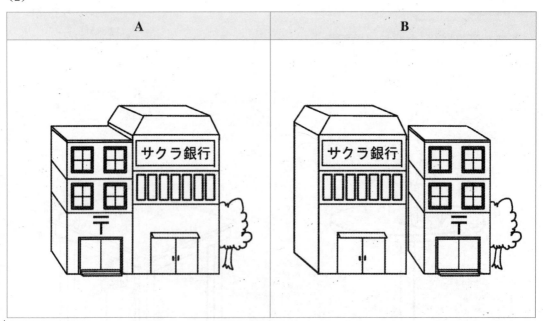	

（3）

A	B
一階 101鈴木　102田中 二階 201山田　202木村	一階 101山田　102田中 二階 201鈴木　202木村

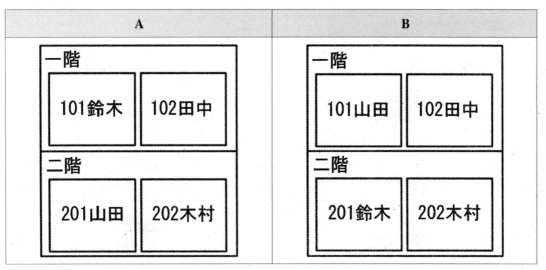

（4）

A	B

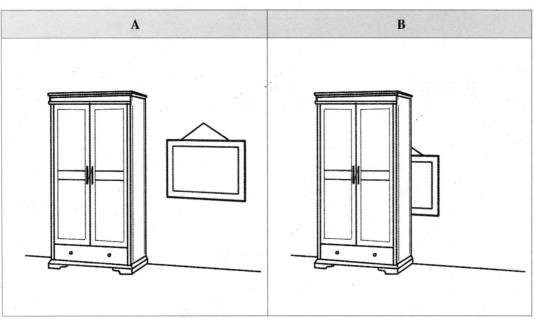

(5)

A	B
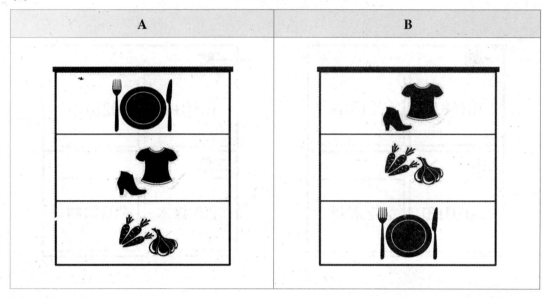	

2. 请大家跟读听到的句子。

 实听实练

 听解2

1. 接下来将听到一段房间布局的会话，请先看下面两张客厅的图，你会发现风格完全不同。请在老师的提示下推测用日语分别该怎么说？

（1）	（2）

2. 请先朗读下面6个单词。然后听会话,请在房间里所没有的单词后打×。

　　お風呂(　　)　　　　　トイレ(　　)　　　　　　台所(　　)　　　　玄関(　　)

　　ベランダ(　　)　　　　リビングルーム(　　　　)

3. 请再听一遍会话,并核对你的答案。

🙂 **听解 3**

1. 听会话,完成选择题。

(1) 男の人の名前は何ですか。A:木村さん　　　B:ヤンさん

(2) 男の人はお客さんですか。A:はい　　　B:いいえ

(3) 花はどこにありますか。A:机の上にあります　　B:机の上とテレビの上にあります

(4) 冷蔵庫にケーキがありますか。A:あります　　　B:ありません

(5) 飲み物はヨーグルトやジュースやお茶などがありますか。A:はい　　　B:いいえ

(6) 今日は誰の誕生日ですか。A:木村さん　　　B:ヤンさん

2.请再听一遍会话,并核对你的答案。

🙂 **听解 4**

1. 请大家看下列图片,试着用日语说出图片中物件的名称。

　　　　　(1)　　　　　　　　　　　(2)　　　　　　　　　　　(3)

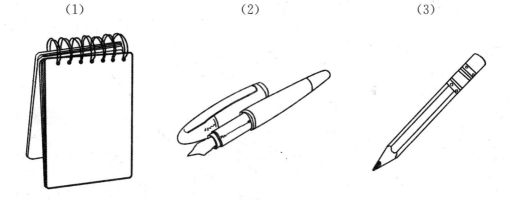

(4)

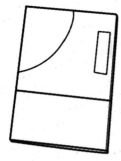

(5)

(6)

(7)

(8)

(9)

(10)

(11)

(12)

2. 请大家再看上述图片。听会话，判断"包"里有什么，在有的物件下面画〇。

3. 请再听一遍会话，判断句子的正误。

(1)（　　　）カバンは机の上にあります。

(2)（　　　）ノートに名前がありません。

(3)（　　　）学生カードの後にはサインがあります。

(4)（　　　）このカバンはスミスさんのカバンではありません。

4. 请大家回顾自己本段会话的听解过程。检查自己在哪个环节还有不足之处，并请大家用日
语归纳一下会话中是如何找到失主的。

  自我测试

听解5

　　接下来你将听到6道题目，每道题目只放一遍。请大家像临场考试那样自我测试一下。每
道题目的提问会说两遍。问题5和问题6是无图题。

　　この問題では、まず質問を聞いてください。それから、話を聞いて、正しい答えを一
つ選んでください。

1番

1.

2.

3.

4.

2番

1.

2.

3.

4.

3番

答え（　　）

4番

答え（　　）

5番　答え（　　）

ーメモー

6番　答え（　　）

－メモ－

轻松一刻

辛苦啦!让我们来听首日本歌吧。

ソーラン<ruby>節<rt>ぶし</rt></ruby>

ハァドッユイショ

ヤーレン　ソーラン　ソーラン

ソーラン　ソーラン　ソーラン（ハイハイ）

<ruby>鰊<rt>にしん</rt></ruby>来たかと　かもめに<ruby>問<rt>と</rt></ruby>えば

<ruby>私<rt>わた</rt></ruby>しゃ<ruby>立<rt>た</rt></ruby>つ<ruby>鳥<rt>とり</rt></ruby>　<ruby>波<rt>なみ</rt></ruby>に<ruby>聞<rt>き</rt></ruby>け　チョイ

ヤサエーエンヤーンサノ　ドッコイショ

ハァドッコイショ　ドッコイショ　ハアドッユイ

ヤーレン　ソーラン　ソーラン

ソーラン　ソーラン　ソーラン（ハイハイ）

<ruby>今宵一夜<rt>こよいいちや</rt></ruby>は　どんすの<ruby>枕<rt>まくら</rt></ruby>

あすは<ruby>出船<rt>でふね</rt></ruby>の　<ruby>波枕<rt>なみまくら</rt></ruby>　チョイ

ヤサエーエンヤーンサノ　ドッコイショ

ハァドッコイショ　ドッコイショ　ハアドッユイ

ヤーレン　ソーラン　ソーラン

ソーラン　ソーラン　ソーラン（ハイハイ）

<ruby>男<rt>おとこ</rt></ruby><ruby>度胸<rt>どきょう</rt></ruby>なら　<ruby>五尺<rt>ごしゃく</rt></ruby>の<ruby>身体<rt>からだ</rt></ruby>

どんと<ruby>乗<rt>の</rt></ruby>り<ruby>出<rt>だ</rt></ruby>せ　<ruby>浪<rt>なみ</rt></ruby>の<ruby>上<rt>うえ</rt></ruby>　チョイ

ヤサエーエンヤーンサノ　ドッコイショ

ハァドッコイショ　ドッコイショ　ハアドッコイ

ヤーレン　ソーラン　ソーラン
ソーラン　ソーラン　ソーラン(ハイハイ)
沖(おき)で鴎(かもめ)の　鳴(な)く声(こえ)聞(き)けば
船乗(ふなの)り稼業(かぎょう)は　やめられぬ　チョイ
ヤサエーエンヤーンサノ　ドッコイショ
ハァドッコイショ　ドッコイショ　ハアドッコイ

听后温故

听解 6

1. 听会话，判断下列句子的正误。

(1)（　　）デパートは銀行の前です。

(2)（　　）デパートには果物や飲み物などがあります。

(3)（　　）デパートにはスーパーがありません。

(4)（　　）飲み物の売り場は二階にも一階にもあります。

2. 请再听一遍会话，并核对你的答案。

听解 7

接下来你将听到6道题目，每道题目只放一遍。请大家像临场考试那样自我测试一下。每道题目的提问会说两遍。问题5和问题6是无图题。

この問題では、まず質問を聞いてください。それから、話を聞いて、正しい答えを一つ選んでください。

1番

1.

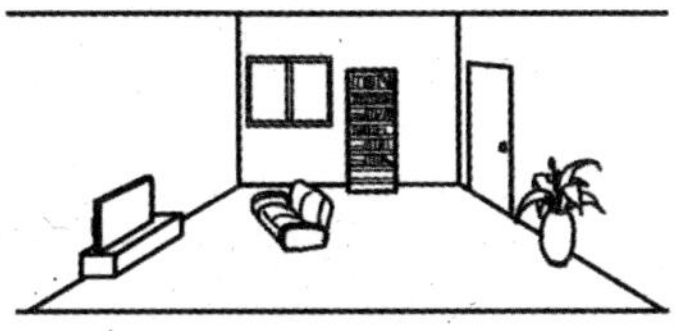

2.

3. 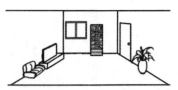   4.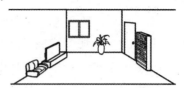

2番

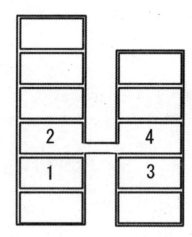

答え（　　）

3番

答え（　　）

4番

答え（　　）

5番　答え（　　）

┌─────────────────────────────────────┐
│ ーメモー │
│ │
│ │
└─────────────────────────────────────┘

6番　答え（　　）

┌─────────────────────────────────────┐
│ ーメモー │
│ │
│ │
└─────────────────────────────────────┘

第8课　私の一日

学习目标

（1）掌握时间的表达。
（2）动词的「ます」形。
（3）巩固已经学过的表示时间的格助词「に」「から～まで」的用法。
（4）泛听和精听结合。

听前热身

听解1

1. 请根据听到的句子选择正确的图片。

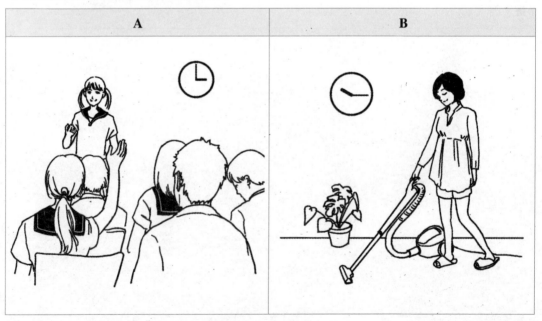

A	B

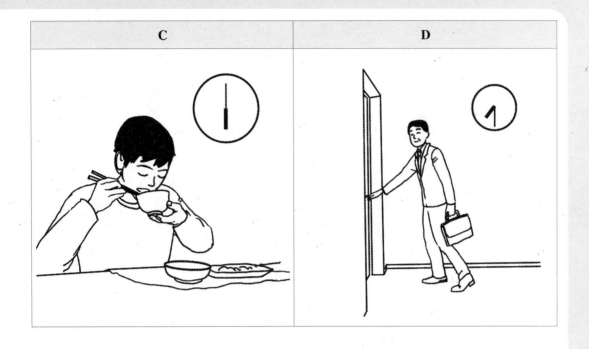

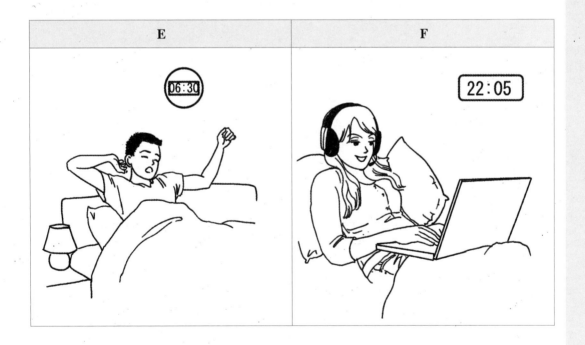

G	H
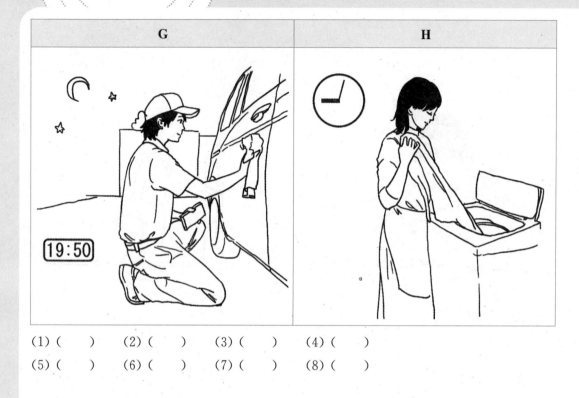	

(1) (   )   (2) (   )   (3) (   )   (4) (   )

(5) (   )   (6) (   )   (7) (   )   (8) (   )

2. 请大家跟读听到的句子。

 **实听实练**

🙂 听解2

接下来有两张一天之内的日程表。

1. 请听两段短文,判断短文(1)和短文(2)分别对应哪一张日程表,并根据短文完成日程表。

（1）	（2）
21日　金曜日	**13日　火曜日**
7:00　　　　おきます	5:00　　　　おきます
9:00—　　　授業があります	5:30—6:00　＿＿＿＿＿＿
15:30　　　 ゼミに＿＿＿＿	6:00　　　　コーヒーを飲みます。朝ご飯は＿＿＿
17:00—21:00 ＿＿＿＿＿＿	7:00　　　　家を＿＿＿＿＿
＿＿＿＿　　 チャットします	8:00—　　　授業があります
1:00　　　　寝ます	15:30　　　 図書館へ＿＿＿＿＿＿
	16:00　　　 帰ります

2. 请再听一遍短文,并核对你的答案。

听解 3

1. 请听三段会话，判断会话中的人分别从事什么职业，把正确的图片编号填在横线上。

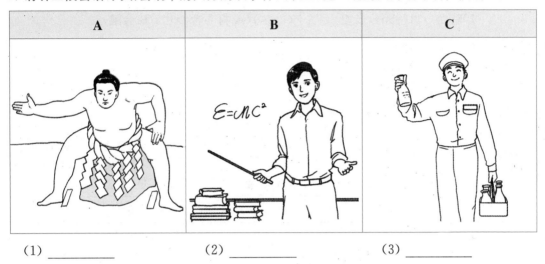

A	B	C

　　（1）＿＿＿＿＿＿　　　　（2）＿＿＿＿＿＿　　　　（3）＿＿＿＿＿＿

2. 请再听一遍会话，回答下列问题。

（1）何時に起きますか。

　　　（1）＿＿＿＿＿＿　　（2）＿＿＿＿＿＿　　（3）＿＿＿＿＿＿

（2）毎日仕事をしますか。

　　　（1）＿＿＿＿＿＿　　（2）＿＿＿＿＿＿　　（3）＿＿＿＿＿＿

3. 请再听一遍会话，并核对你的答案。

听解 4

1. 接下来的一段短文是公司某个新员工一天的日程表。请大家预测一下分别有什么安排。

午前：例如朝礼、会议等。

　昼：例如在哪里吃饭？吃什么？午休时间多少？

午後：例如拜访客户、会议、新进员工培训等。

　夜：例如加班、加班到几点、吃饭，在哪里吃饭？吃什么？

2. 听短文，完成选择。

午前	（　　）時から9時30分まで （A 8：00　　B 9：00）	朝礼、社長のあいさつ
	10時から11時50分まで	（　　）（A 打ち合わせ　B 会議）
昼	（　　　　）時 （A 11　　B 12）	弁当を食べます
	1時まで	（　　　） （A 昼休み　　B 昼寝）
午後	17：00まで	新入社員の（　　　　）（A オリジナル　　B オリエンテーション）を聞きます。その後、 （　　　）。 （A 会議　　B 仕事の打ち合わせ）です
夜		（　　　）（A 残業　　B 食事）

3. 请再听一遍短文，并核对你的答案。

 自我测试

听解5

　　接下来你将听到6道题目，每道题目只放一遍。请大家像临场考试那样自我测试一下。每道题目的提问会说两遍。问题5和问题6是无图题。

　　この問題では、まず質問を聞いてください。それから、話を聞いて、正しい答えを一つ選んでください。

1番

1. 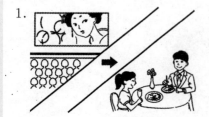 　　　　2.

3.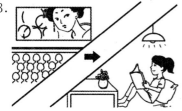

4.

2番

1.

月曜日

2.

火曜日

3.

水曜日

4.

木曜日

3番

答え(　　)

4番

答え（　　）

5番　答え（　　）

ーメモー

6番　答え（　　）

ーメモー

 轻松一刻

辛苦啦！让我们来听首日本歌吧。

<ruby>荒城<rt>こうじょう</rt></ruby>の<ruby>月<rt>つき</rt></ruby>

<ruby>春高楼<rt>はるこうろう</rt></ruby>の <ruby>花<rt>はな</rt></ruby>の<ruby>宴<rt>えん</rt></ruby>
<ruby>巡<rt>めぐ</rt></ruby>る <ruby>盃<rt>さかずき</rt></ruby> <ruby>影<rt>かげ</rt></ruby>さして
<ruby>千代<rt>ちよ</rt></ruby>の<ruby>松<rt>まつ</rt></ruby>が<ruby>枝<rt>えだ</rt></ruby> <ruby>分<rt>わ</rt></ruby>け<ruby>出<rt>い</rt></ruby>でし
<ruby>昔<rt>むかし</rt></ruby>の<ruby>光<rt>ひかり</rt></ruby> <ruby>今<rt>いま</rt></ruby>いずこ

秋陣営の霜の色
鳴きゆく雁の数見せて
植剣に照り沿いし
　昔の光　今いずこ

今荒城の　夜半の月
変わらぬ光　誰がためぞ
垣に残るは　ただ葛
松に歌うは　ただ嵐

天上影は　変わらねど
栄枯は移る　世の姿
映さんとてか　今も尚
ああ荒城の夜半の月

听后温故

🎧 听解 6

1. 听短文，回答下列问题。

(1) 家族の皆さんはみんな何時に起きますか。

----

(2) 家族の皆さんは皆何時に朝ご飯を食べますか。

----

(3) 父は何時に仕事に行きますか。

2.请再听一遍短文，写出家庭成员分别做什么。

祖父：犬と_____。よく公園で_____。

祖母：母と_____。よく_____。

　母：祖母と朝ご飯を作ります。また_____。

　父：朝市へ_____買いに行きます。8時から_____に行きます。

　姉：私と_____。8時から_____。

　私：姉と_____。8時から_____。

弟：_____。

听解 7

接下来你将听到6道题目，每道题目只放一遍。请大家像临场考试那样自我测试一下。每道题目的提问会说两遍。问题5和问题6是无图题。

この問題では、まず質問を聞いてください。それから、話を聞いて、正しい答えを一つ選んでください。

1番

1.

2.

3.

4.

2番

1.

2.

3.

4.
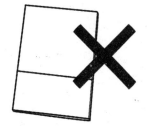

3番

答え（　　）

4番

答え（　　）

5番　答え（　　）

ーメモー

6番　答え（　　）

ーメモー

第9课　買　物

学习目标

（1）掌握买东西时的常用语。
（2）掌握数字、价格的说法。
（3）跟读和推算。

 听前热身

 听解 **1**

1. 听会话，选择与内容相符的图。

(1) _____　　(2) _____　　(3) _____　　(4) _____　　(5) _____

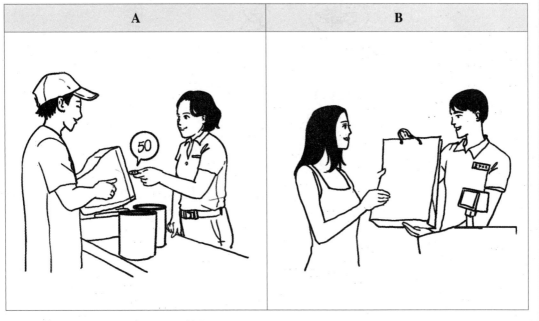

A	B

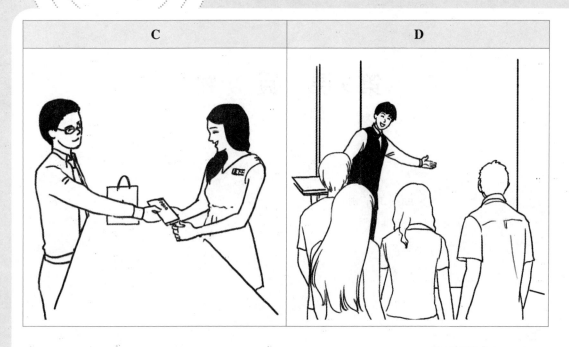

2. 请大家跟读听到的日常用语。

实听实练

听解 2

1.听五段短会话,选择符合会话的图片。

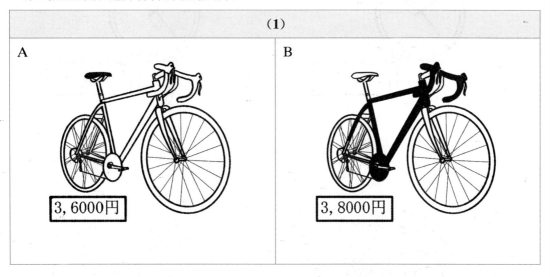

（1）
A　 3, 6000円	B　 3, 8000円

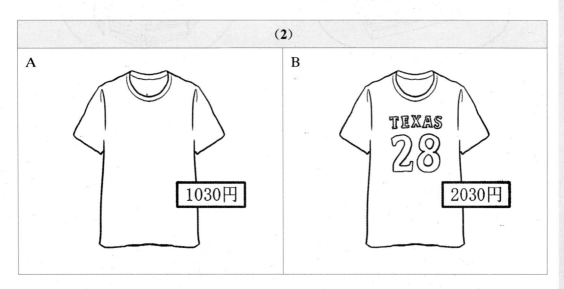

（2）
A　 1030円	B　TEXAS 28 2030円

（3）

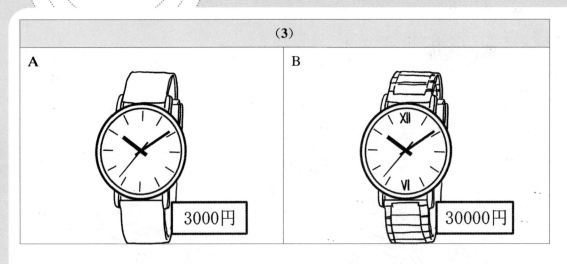

A

B

（4）

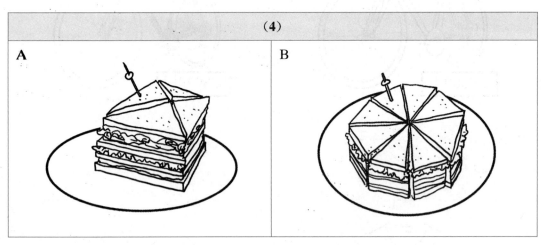

A

B

（5）

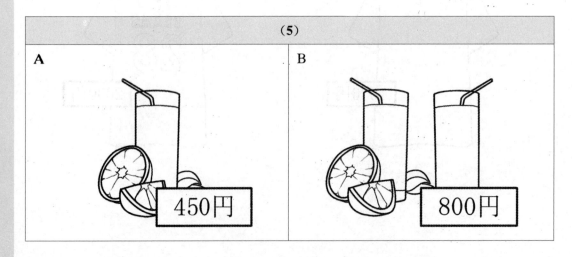

A

B

2. 请再听一遍会话，并用日语读出该物品的正确价格。

听解 3

1. 接下来是小王在花店购花时的会话，首先请完成下列花与图片的连线。

ユリ

カーネーション

チューリップ

2. 听会话，回答问题。

(1) 今日は何の日ですか。

....

(2) このお客さんは何本買いましたか。

....

(3) お釣りはいくらですか。

....

 听解 4

1. 下面的会话是顾客在杂货店买东西的情景。听会话，完成填空。

ブルー雑貨

絵葉書	_____
ボールペン1	400
ボールペン2	_____
小計	690
消費税5%	_____
会計	_____
預かり	1000

_____   _____

ありがとうございました。

2011年2月12日13時14分

2. 请再听一遍会话，并核对你的答案。

自我测试

听解 5

　　接下来你将听到6道题目，每道题目只放一遍。请大家像临场考试那样自我测试一下。每道题目的提问会说两遍。问题5和问题6是无图题。

　　この問題では、まず質問を聞いてください。それから、話を聞いて、正しい答えを一つ選んでください。

1番

1.

11400円

2.

18900円

3. 14800円

4. 18400円

2番

1. 120円

2. 180円

3. 200円

4. 220円

3番

答え（　　）

4番

答え（　　）

5番　答え（　　）

－メモ－

6番　答え（　　）

－メモ－

轻松一刻

辛苦啦!让我们来听首日本歌吧。

花笠音頭(はながさおんと)(花笠踊り(はながさおど))

目出度(めでた)目出度(めでた)の　若松様(わかまつさま)よ
枝(えだ)も(チョイチョイ)
栄(さか)えて葉(は)も茂(しげ)る
(ハァ　ヤッショーマカショ)

私(わ)や花笠(はながさ)　伊達(だて)には持(も)たぬ
はなれ(チョイ　チョイ)
まいぞの　合(あい)じるし
(ハアヤッショーマカショ)

笠(かさ)を投(な)げやる　暇(ひま)あるけれど
様(さま)を(チヨイ　チヨイ)
忘(わす)れる　暇(ひま)はない
(ハアヤッショーマカショ)

お月(つき)さまなら　盛(さかり)は十五(じゅうご)
わしの(チヨイ　チヨイ)
盛(さかり)は　いつじゃいな
(ハアヤッショーマカショ)

听后温故

听解6

1. 听两遍会话,完成填空。

男：すみません、切手は1枚いくらですか。

女：＿＿＿＿＿＿＿です。

男：＿＿＿＿＿＿＿　ください。

女：はい、かしこまりました。

男：いくらですか。

女：＿＿＿＿＿＿で＿＿＿＿＿＿です。

男：はい、どうぞ。

女：ありがとうございます。＿＿＿＿＿＿お預かりします。はい、お待たせしました。こちらは＿＿＿＿＿＿と＿＿＿＿＿＿です。毎度ありがとうございました。

2. 请再听一遍会话，并核对你的答案。

🙂 听解 7

　　接下来你将听到6道题目，每道题目只放一遍。请大家像临场考试那样自我测试一下。每道题目的提问会说两遍。问题5和问题6是无图题。

　　この問題では、まず質問を聞いてください。それから、話を聞いて、正しい答えを一つ選んでください。

1番

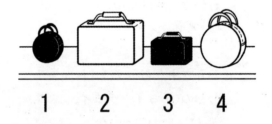

2番

答え（　　）

3番

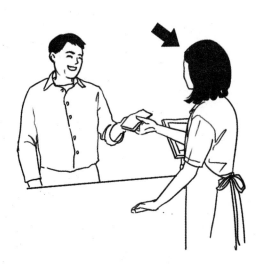

答え（　　）

4番

答え（　　）

5番　答え（　　）

ーメモー

6番　答え（　　）

ーメモー

第 10 课　天　气

（1）掌握常用的天气状况或气候的说法。
（2）掌握一些常用形容词谓语句的肯定和否定表达。
（3）跟读和预测。

听解 1

1. 听会话，看图填天气。

A	B

| C | D |
| E | F |

(1) _____   (4) _____

(2) _____   (5) _____

(3) _____   (6) _____

2. 请边跟读边核对你的答案。

实听实练

听解2

 山田

 スミス

1. 首先朗读一下 A~J 的句子,然后听会话,将会话中出现过的东京或长野的天气分别填进括号内。

A 気温は10度ぐらいです　　　　B 気温は2度ぐらいです

C 風が強いです　　　　　　　　D 風がありません

E 晴れです　　　　　　　　　　F 曇りです

G 寒いです　　　　　　　　　　H 暖かいです

I 雪がたくさん降ります　　　　J 毎日雨が降ります

東京(　　　　　　　　)　　　　長野(　　　　　　　　)

2. 请再听一遍会话,并核对你的答案。

听解 3

1. 听会话,将月份与东京的天气的特征连接起来。

3月　　　　　　　　　　　　雨が多いです

4月　　　　　　　　　　　　寒いです

5月　　　　　　　　　　　　花が咲きます

　　　　　　　　　　　　　　あまり雨が降りません

2. 请再听一遍会话,回答下列问题。

(1) 木村さんは今どこにいますか。

----

(2) 今月は何月ですか。

听解 4

1. 这是一篇关于上海四季的短文,请先预测一下上海的四季会涉及哪些内容。以下是一些提示。

春天:暖和、下雨

梅雨:下雨、闷热

夏天:炎热、闷热、台风

秋天:凉快

冬天:寒冷、下雪

2. 请大家首先默读下列句子。然后听短文,判断正误。

(1) (　　　)上海の梅雨は5月から始まります。

(2) (　　　)梅雨の間はよく雨が降ります。

(3) (　　　)上海には台風があります。

(4) (　　　)梅雨は夏のあとに来ます。

(5) (　　　)上海の夏はあまり暑くありません。

(6) (　　　)上海の冬はよく雪が降ります。

3. 请再听一遍短文,并核对你的答案。

 **自我测试**

听解 5

　　接下来你将听到6道题目，每道题目只放一遍。请大家像临场考试那样自我测试一下。每道题目的提问会说两遍。问题5和问题6是无图题。

　　この問題では、まず質問を聞いてください。それから、話を聞いて、正しい答えを一つ選んでください。

1番

1.

2.

3.

ごぜん

4.

ごご

2番

1.

2.

3.

4.

3番

答え（　　）

4番

答え（　　）

5番　答え（　　）

ーメモー

6番　答え（　　）

ーメモー

轻松一刻

辛苦啦!让我们来听首日本歌吧。

春が来た
<ruby>春<rt>はる</rt></ruby>が<ruby>来<rt>き</rt></ruby>た

<ruby>春<rt>はる</rt></ruby>が<ruby>来<rt>き</rt></ruby>た　<ruby>春<rt>はる</rt></ruby>が<ruby>来<rt>き</rt></ruby>た　どこに<ruby>来<rt>き</rt></ruby>た
<ruby>山<rt>やま</rt></ruby>に<ruby>来<rt>き</rt></ruby>た　<ruby>里<rt>さと</rt></ruby>に<ruby>来<rt>き</rt></ruby>た　<ruby>野<rt>の</rt></ruby>にも<ruby>来<rt>き</rt></ruby>た

<ruby>花<rt>はな</rt></ruby>が<ruby>咲<rt>さ</rt></ruby>く　<ruby>花<rt>はな</rt></ruby>が<ruby>咲<rt>さ</rt></ruby>く　どこに<ruby>咲<rt>さ</rt></ruby>く
<ruby>山<rt>やま</rt></ruby>に<ruby>咲<rt>さ</rt></ruby>く　<ruby>里<rt>さと</rt></ruby>に<ruby>咲<rt>さ</rt></ruby>く　<ruby>野<rt>の</rt></ruby>にも<ruby>咲<rt>さ</rt></ruby>く

<ruby>鳥<rt>とり</rt></ruby>が<ruby>鳴<rt>な</rt></ruby>く　<ruby>鳥<rt>とり</rt></ruby>が<ruby>鳴<rt>な</rt></ruby>く　どこで<ruby>鳴<rt>な</rt></ruby>く
<ruby>山<rt>やま</rt></ruby>で<ruby>鳴<rt>な</rt></ruby>く　<ruby>里<rt>さと</rt></ruby>で<ruby>鳴<rt>な</rt></ruby>く　<ruby>野<rt>の</rt></ruby>でも<ruby>鳴<rt>な</rt></ruby>く

听后温故

听解 6

1. 听短文,完成填空。

　　今日は朝からとても＿＿＿＿＿です。でも、よく＿＿＿＿＿ます。空が＿＿＿＿＿です。風がありますが、あまり＿＿＿＿＿＿＿。今日は土曜日ですから、＿＿＿＿＿＿がありません。＿＿＿＿＿＿もありません。ですから、私は＿＿＿＿＿です。今日は部屋を＿＿＿＿＿します。私の部屋はとても＿＿＿＿＿です。それから、＿＿＿＿＿もします。私のルームメートは＿＿＿＿＿です。いま部屋にいます。

2. 请再听一遍短文,并核对你的答案。

听解 7

　　接下来你将听到6道题目,每道题目只放一遍。请大家像临场考试那样自我测试一下。每道题目的提问会说两遍。问题5和问题6是无图题。

　　この問題では、まず質問を聞いてください。それから、話を聞いて、正しい答えを一つ選んでください。

1番

1.

2.

3.

4.

2番

1.

2.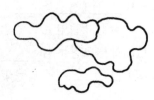

3.

4.

3番

答え（　　）

4番

答え（　　）

5番　答え（　　）

┌─────────────────────────────┐
│ ―メモ―   │
│   │
│   │
└─────────────────────────────┘

6番　答え（　　）

┌─────────────────────────────┐
│ ―メモ―   │
│   │
│   │
└─────────────────────────────┘

第11课　誕生日

学习
目标
（1）掌握年月日的表达。
（2）掌握星期的表达。
（3）跟读和听后讨论。

听前热身

听解 1

1. 听短句, 完成选择。

例 A 子供の日　水曜日　　　　　B 緑の日　木曜日

（1）A 緑の日　7月29日　　　　　B 緑の日　　4月29日

（2）A 憲法記念日　5月3日　　　　B 子供の日　　5月3日

（3）A バレンタインデー　3月14日　　B ホワイトデー　3月14日

（4）A クリハマス　12月25日　　　　B イブ　12月25日

（5）A 旧暦　2月4日　　　　　　　B 旧暦　2月8日

（6）A 新暦　1月1日　　　　　　　B 旧暦　1月1日

2. 请大家跟读听到的句子, 并核对你的答案。

实听实练

听解 2

1. 听会话，完成填空。

	新暦	旧暦
春節	（　　月　　日）	
陸さんの誕生日	（　　　　　）	正月一日
王さんの誕生日	去年の二月十四日	正月（　　　　　）

2. 请再听一遍会话，并核对你的答案。

3. 请大家交流一下自己的生日。

听解 3

1. 听短文，完成选择。

(1) 私はどうして5月が好きですか。

　　A ゴールデンウィークがありますから。

　　B 私の誕生日ですから。

　　C ゴールデンウィークがありますから。また私の誕生日もありますから。

(2) 私の誕生日はいつですか。

　　A 4月28日　　　　　　　　B 5月5日　　　　　　　　C 5月1日

(3) 子供の日は何月何日ですか。

　　A 4月28日　　　　　　　　B 5月5日　　　　　　　　C 5月1日

(4) 私は今何歳ですか。

　　A 19歳　　　　　　　　　　B 20歳　　　　　　　　　C 18歳

(5) 誕生日の日に、私は何をしますか。

　　A 東京へ行きます

　　B パーティーをします

　　C 日帰り旅行をします

2. 请再听一遍短文,并核对你的答案。

 听解 4

1. 看日历,听会话,分别把日子和星期填在横线上。

12月						
日	月	火	水	木	金	土
29	30	1	2	3	4	5
6	7	8	9	10	11	12
13	14	15	16	17	18	19
20	21	22	23	24	25	26
27	28	29	30	31	1	2

　　　　　　　　　　　何月何日　　　　何曜日

(1) クリスマス　　　_____　　_____

(2) イブ　　　　　　_____　　_____

(3) 今日　　　　　　_____　　_____

(4) レポートの提出日　_____　　_____

(5) クリスマスセール　_____　　_____まで

2. 再听一遍会话,判断下列句子的正误。

(1) (　　　)李さんは25日にパーティーに参加します。

(2) (　　　)李さんは26日に英会話の授業があります。

(3) (　　　)李さんは27日にクリスマスセールに行きます。

(4) (　　　)今日からイブまでは10日間です。

(5) (　　　)李さんのお母さんの誕生日は12月27日です。

自我测试

听解 5

接下来你将听到6道题目,每道题目只放一遍。请大家像临场考试那样自我测试一下。每

道题目的提问会说两遍。问题5和问题6是无图题。

　この問題では、まず質問を聞いてください。それから、話を聞いて、正しい答えを一つ選んでください。

1番

1.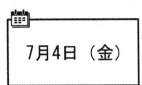

2.

3.

4.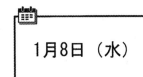

2番

1.

2.

3.

4.

3番

答え（　　）

4番

答え（　　）

5番　答え（　　）

```
ーメモー



```

6番　答え（　　）

```
ーメモー



```

轻松一刻

辛苦啦！让我们来听首日本歌吧。

幸せなら手をたたこう

幸せなら　手をたたこう
幸せなら　手をたたこう
幸せなら　態度でしめそうよ

ほら　みんなで　手をたたこう

幸せなら　足ならそう
幸せなら　足ならそう
幸せなら　態度でしめそうよ

ほら　みんなで　足ならそう

幸せなら　肩たたこう
幸せなら　肩たたこう
幸せなら　態度でしめそうよ

ほら　みんなで　肩たたこう

幸せなら　ほっぺたたこう
幸せなら　ほっぺたたこう
幸せなら　態度でしめそうよ

ほら　みんなで　ほっぺたたこう

幸せなら　ウィンクしよう
幸せなら　ウィンクしよう
幸せなら　態度でしめそうよ

ほら　みんなで　ウィンクしよう

幸せなら　指ならそう
幸せなら　指ならそう
幸せなら　態度でしめそうよ

ほら　みんなで　指ならそう

幸せなら　手をたたこう
幸せなら　手をたたこう
幸せなら　態度でしめそうよ
ほら　みんなで　手をたたこう

听后温故

听解 6

5月						
日	月	火	水	木	金	土
26	27	28	29	30	1	2
3	4	5	6	7	8	9
10	11	12	13	14	15	16
17	18	19	20	21	22	23
24	25	26	27	28	29	30
31						

1. 听两遍短文，完成填空。

今日は5月3日、＿＿＿＿＿＿です。今日から＿＿＿＿＿までお休みです。あさっては
＿＿＿＿＿です。私の誕生日でもあります。先月の＿＿＿＿＿＿も休みでした。＿＿＿＿
＿＿でした。

2. 请再听一遍短文，并核对你的答案。

3. 看日历，判断听到的句子的正误。

(1) ＿＿＿＿＿　　(2) ＿＿＿＿＿　　(3) ＿＿＿＿＿　　(4) ＿＿＿＿＿

听解 7

接下来你将听到6道题目，每道题目只放一遍。请大家像临场考试那样自我测试一下。每
道题目的提问会说两遍。问题5和问题6是无图题。

　この問題では、まず質問を聞いてください。それから、話を聞いて、正しい答えを一つ選んでください。

1番

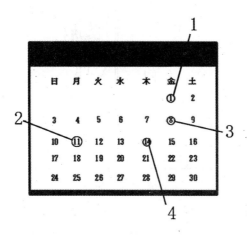

2番

1. 外をゆっくり見たいですから。　　2. バスが速いですから。

3. バスが安いですから。　　　　　　4. バスが便利ですから。

3番

答え（　　）

4番

答え（　　）

5番　答え（　　）

ーメモー

6番　答え（　　）

ーメモー

第12课 旅 行

学习
目标

（1）掌握动词的过去式。
（2）掌握形容词的过去式。
（3）掌握形容动词的过去式。
（4）听写、学习排除法和归纳法。

听前热身

听解 1

1. 听会话，仿照例句完成填空。

例：スミスさんは昨日上野公園へ＿＿＿行きました＿＿＿。

（1）夏休みに京都へ＿＿＿＿＿＿＿＿＿＿。

（2）学生たちは東京の銀座を＿＿＿＿＿＿＿＿＿。

（3）東京大学で＿＿＿＿＿＿＿＿＿。

（4）夏休みの旅行はとても＿＿＿＿＿＿＿＿＿です。

（5）昨夜は＿＿＿＿＿＿＿＿＿です。

（6）夕べ、赤ちゃんの熱は＿＿＿＿＿＿＿＿＿です。

（7）昔、この町は＿＿＿＿＿＿＿＿＿でした。

（8）留学時代の先生たちは＿＿＿＿＿＿＿＿＿でした。

（9）先週のパーティーは＿＿＿＿＿＿＿＿＿でした。

2. 请大家朗读以上的句子。

实听实练

 听解 2

1. 下面是山田和玛丽之间关于旅行的会话,判断下列句子的正误。

(1)（　　　）マリさんは三日間旅行しました。

(2)（　　　）マリさんは東京と奈良へ行きました。

(3)（　　　）マリさんはお寺を見ました。

(4)（　　　）そこの料理はおいしくなかったです。

(5)（　　　）山田さんは旅行に行きませんでした。

(6)（　　　）山田さんは勉強で疲れました。

(7)（　　　）マリさんは少しも疲れませんでした。

2. 请再听一遍会话,并核对你的答案。

 听解 3

1.下面是铃木出差回来后与山田的会话,听后请根据要求选择正确的答案。

(1) 会話に出ない地名はどれですか。

　　　A 札幌　　　　　　　　B 京都　　　　　　　C 大阪

(2) 東京の天気はどうでしたか。

　　　A 涼しかったです　　　B 暑かったです　　　C 寒かったです

(3) 今日は何月何日ですか。

　　　A 4月29日　　　　　　B 7月28日　　　　　C 7月29日

(4) 8月1日は何曜日ですか。

　　　A 日曜日　　　　　　　B 月曜日　　　　　　C 火曜日

2. 请再听一遍会话,并核对你的答案。

听解 4

1.下面短文讲述的是登富士山的事,请根据要求选择正确的图片。

(1) 去年、誰が富士山に登りました。

A 私 B 王さん

(2) どうして去年は富士山の頂上まで登らなかったのですか。

A B

(3) 今回は何曜日に富士山に登ったのですか。

A 土曜日 B 日曜日

(4) 今年、富士山を登る人が少なかったですか。多かったですか。

A

B

(5) 今年誰が富士山の頂上まで登ったのですか。

A　私だけ

B　私と王さん

(6) 今年富士山の頂上には雪がありましたか。

A

B

2.请再听一遍短文,并核对你的答案。

自我测试

🙂听解 5

接下来你将听到6道题目,每道题目只放一遍。请大家像临场考试那样自我测试一下。每道题目的提问会说两遍。问题5和问题6是无图题。

この問題では、まず質問を聞いてください。それから、話を聞いて、正しい答えを一つ選んでください。

1番

1.

2.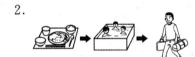

3.

4.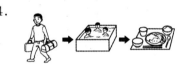

2番

1.

2.

3.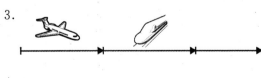

4.

3番

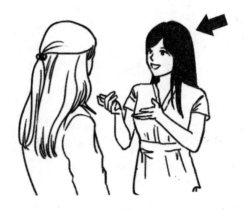

答え（　　）

4番

答え（　　）

5番　答え（　　）

－メモ－

6番　答え（　　）

－メモ－

轻松一刻

辛苦啦!让我们来听首日本歌吧。

四季の歌 (しきのうた)

春(はる)を愛(あい)する人(ひと)は 心(こころ)清(きよ)き人(ひと)
すみれの 花(はな)のような
僕(ぼく)の友(とも)だち
夏(なつ)を愛(あい)する人(ひと)は 心(こころ)強(つよ)き人(ひと)
岩(いわ)をくだく 波(なみ)のような
僕(ぼく)の父親(ちちおや)
秋(あき)を愛(あい)する人(ひと)は 心(こころ)深(ふか)き人(ひと)
愛(あい)を語(かた)る ハイネのような
僕(ぼく)の恋人(こいびと)
冬(ふゆ)を愛(あい)する人(ひと)は 心(こころ)広(ひろ)き人(ひと)
根雪(ねゆき)をとかす 大地(たいち)のような
僕(ぼく)の母親(ほほおや)

 **听后温故**

听解 6

1. 接下来大家将听到一段会话。请听会话,完成短文的填空。

　　昨日の午後は_____雨でした。ちょうどそのときは男の人は_____の古本屋に_____。その古本屋は_____です。そして、店がかなり_____で、とても_____です。男の人は辞書を_____。あまり古くないし、そして_____です。ですから、女の人も_____行きたいと言いました。

2. 请再听一遍会话,并核对你的答案。

听解 7

　　接下来你将听到6道题目,每道题目只放一遍。请大家像临场考试那样自我测试一下。每道题目的提问会说两遍。问题5和问题6是无图题。

　この問題では、まず質問を聞いてください。それから、話を聞いて、正しい答えを一つ選んでください。

1番

1.

2.

3.

4.

2番

1. 　　　2.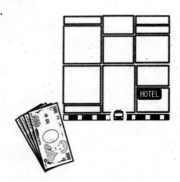

3. 4.

3番

答え（　　）

4番　答え（　　）

答え（　　）

5番　答え（　　）

ーメモー

6番　答え（　　）

ーメモー

第13课　彼は何をしていますか

（1）复习一些常用动词。
（2）掌握表示"正在进行"的「ている」句型。
（3）预测、看图说话和监控。

 听前热身

 听解 1

1. 听句子,选择与内容相符的图。

例：（　G　）　お菓子を食べています。

（A）

（B）

(C)

(D)

(E)

(F)

(G)

(H)

(1) (　　　) ＿＿＿＿＿＿＿＿＿

(2) (　　　) ＿＿＿＿＿＿＿＿＿

(3) (　　　) ＿＿＿＿＿＿＿＿＿

(4) (　　　) ＿＿＿＿＿＿＿＿＿

(5) (　　　　　) _____

(6) (　　　　　) _____

(7) (　　　　　) _____

2. 请再听一遍句子，在上述横线上用日语写出正在做的动作。

实听实练

 听解 2

1. 听会话，回答问题。

次の四人はそれぞれ何をしてしますか。

山田さん_____

林さん　_____

橋本さん_____

木村さん_____

2. 请再听一遍会话，核对一下你的答案。

听解 3

1. 听会话，将左边的人物和右边的事项连接起来。

父　　　　　　　　　　　　アメリカに留学しています

上の兄　　　　　　　　　　会社を経営しています

下の兄　　　　　　　　　　会社で働いています

2. 请再听一遍会话,选择正确的答案。

（1）私の父は時々どこに来ますか。

    A 日本　　　　　　　　　　　　B アメリカ

（2）下の兄は何を勉強していますか。

    A 法学　　　　　　　　　　　　B 数学

（3）何人留学していますか。

    A 一人　　　　　　　　　　　　B 二人

3. 请再听一遍会话,推测出"我"现在在什么地方干什么事情。

听解 **4**

(5)	(6)
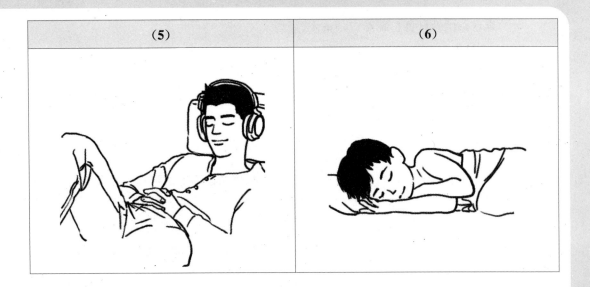	

1. 请先看图，在横线上写出图中人物在干什么。

(1) _____ (2) _____

(3) _____ (4) _____

(5) _____ (6) _____

2. 听短文，并请将下面动作的编号填入相应的人物后面。

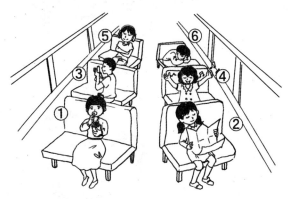

A 田中さん（　　） 　　B 南さん（　　） 　　C 高橋さん（　　）

D 森さん（　　） 　　E 山本さん（　　） 　　F 佐藤さん（　　）

3. 请再听一遍短文，判断下列句子的正误。

(1) （　　）今日はみんなで旅行に行きます。

(2) （　　）佐藤さんはお菓子を食べています。

(3) （　　）カメラで写真を撮っている人は山本さんです。

(4) （　　）南さんが歌っている歌は日本語の歌です。

（5）（　　　）森さんは教科書を読んでいます。

自我测试

听解5

接下来你将听到6道题目，每道题目只放一遍。请大家像临场考试那样自我测试一下。每道题目的提问会说两遍。问题5和问题6是无图题。

　この問題では、まず質問を聞いてください。それから、話を聞いて、正しい答えを一つ選んでください。

1番

1.

2.

3.

4.

2番

1.

2.

3.

4.

3番

答え（　　　）

4番

答え（　　）

5番　答え（　　）

－メモ－

6番　答え（　　）

－メモ－

 轻松一刻

辛苦啦！让我们来听首日本歌吧。

炭坑節（たんこうぶし）

月が出た出た　月が出た（ヨイヨイ）
三池炭坑の　上に出た
あまり煙突が　高いので
さぞやお月さん　けむたかろ（サノヨイヨイ）

月が差し込む　あばら家も
なんの辛かろ　共苦労
好いて好かれて　暮らすなら
夢に黄金の　花が咲く

あなたオームか　九官鳥
見ればきれいで　口上手
うれしがらせを　言うけれど
にてもやいても　喰わりゃせぬ

ダイヤモンドが　ほしいなら
一度来てみな　この山へ
男ざかりの　さまちゃんが
意気で掘り出す　黒ダイヤ

 **听后温故**

听解6

1. 听两遍短文,完成填空。

A：すみません、こちらは何を教えていますか。

B：＿＿＿＿＿＿＿＿＿を教えています。

A：先生は中国人ですか。日本人ですか。

B：＿＿＿＿＿＿＿＿です。日本で＿＿＿＿＿＿ぐらいも＿＿＿＿＿＿＿＿＿＿＿ている先

生です。

A：授業は何曜日にありますか。

B：＿＿＿＿＿＿＿＿＿にあります。

A：何時から何時までですか。

B：午後＿＿＿＿＿＿から＿＿＿＿＿＿までです。

A：授業料はいくらですか。

B：＿＿＿＿＿＿＿＿です。

2. 请再听一遍短文,并核对你的答案。

听解 **7**

　　接下来你将听到6道题目，每道题目只放一遍。请大家像临场考试那样自我测试一下。每道题目的提问会说两遍。问题5和问题6是无图题。

　　この問題では、まず質問を聞いてください。それから、話を聞いて、正しい答えを一つ選んでください。

1番

1. 音樂

3. ユンピューター

2. 日本語

4. ユンピューターと日本語

2番

1.

2.

3.

4.

3番

答え（　　）

4番

答え（　　）

5番　答え（　　）

―メモ―

6番　答え（　　）

―メモ―

第14课　あの人は誰ですか

（1）掌握穿衣戴帽的词组。
（2）掌握句尾和句中的穿衣戴帽的「アスペクト（体）」
（3）跟读、归纳和预测。

听前热身

 听解1

1. 请大家先看下列图片，试着用日语说出图片中物件的名称。

A 　　B 　　C 　　D

E 　　F 　　G 　　H

2. 听短会话，完成填空。

_____ をかけている　　　　　_____ をはめている

_____ を着ている　　　　　　_____ をしめている

_____ をかぶっている　　　　_____ をはいている

3. 请大家跟读上述句子。

实听实练

听解2

1. 听会话，把会话中出现的人物的名字和图片上的人物对号入座。如果是图中没有出现的人物，请说出他（她）在干什么。

スミスさん（　　　）、マリーさん（　　　　　）、キムさん（　　　）、陳さん（　　　　）

2. 请再听一遍会话，并核对你的答案。

听解3

1. 接下来有两组图片和两组文字信息，大家先看一下。然后听会话，完成表格的填空。

特徴：

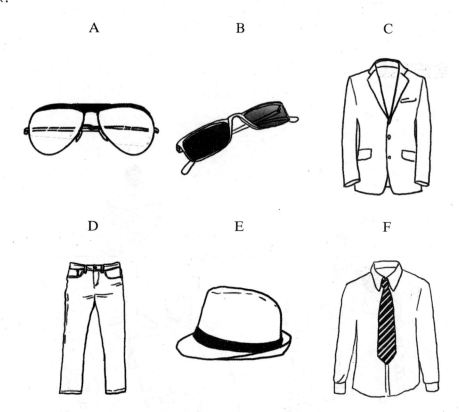

A   B   C

D   E   F

関係：G 同僚　　　H 高校の友達　　　I 大学のクラスメート　　　J クラスの研修生

国籍と今の居場所：K 日本　　　L 中国　　　M アメリカ　　　N インド　　　O インドネシア

名前	特徴	関係	国籍	今の居場所
アリさん	A 、C		M	
サリムさん				N
林さん				

2. 请大家再听一遍会话，并核对你的答案。

3. 请大家根据表格的内容，用自己的话归纳一下这三个人的情况。跟你的同桌交流一下。

听解 **4**

1. 这是一道猜谜题。请先听一遍会话，猜测一下短文的主人公是谁？

2. 如果你还没有猜出来主人公是谁，请再听一遍会话，并回答以下问题。相信你在回答完问

題之后就一定知道他是谁了。

(1) この人のうちはどんな所にありますか。

----

(2) この人はいつもどんな服を着ていますか。

----

(3) この人は毎日働きますか。

----

(4) この人は結婚していますか。

----

(5) この人はたくさんの子供を持っていますか。

----

(6) この人は今どんな仕事をしていますか。

----

(7) この人はどうしてこの仕事が好きですか。

自我测试

听解5

　　接下来你将听到6道题目，每道题目只放一遍。请大家像临场考试那样自我测试一下。每道题目的提问会说两遍。问题5和问题6是无图题。

　　この問題では、まず質問を聞いてください。それから、話を聞いて、正しい答えを一つ選んでください。

1番

1.

2.

3.

4.

2番

1.

2.

3.

4.

3番

答え（　　）

4番

答え（　　）

5番　答え（　　）

－メモ－

6番　答え（　　）

－メモ－

轻松一刻

辛苦啦!让我们来听首日本歌吧。

団子3兄弟

串に刺さって団子 団子
三つっ並んで団子 団子
醤油塗られて団子 団子
団子三兄弟

一番上は 長男 長男
一番下は 三男 三男
間に挟まれ次男 次男
団子三兄弟

弟思いの 長男
兄さん思いの三男
自分が一番次男 次男
団子三兄弟

今度生まれて来るときも
願いは揃って同じ串
出来れば今度はこし餡の
沢山付いた餡団子 団子

ある日、兄弟喧嘩 喧嘩
焦げ目の事で喧嘩 喧嘩
隙間の空いた団子 団子
でも、直ぐに仲直り

今日は戸棚で昼寝 昼寝
三人揃って昼寝 昼寝
うっかり寝過ごし
朝が来て
固くなりました

<ruby>春<rt>はる</rt></ruby>になったら<ruby>花見<rt>はな み</rt></ruby>　<ruby>花見<rt>はな み</rt></ruby>
<ruby>秋<rt>あき</rt></ruby>になったら<ruby>月見<rt>つき み</rt></ruby>　<ruby>月見<rt>つき み</rt></ruby>
<ruby>一年通<rt>いちねんとお</rt></ruby>して<ruby>団子<rt>だん ご</rt></ruby>　<ruby>団子<rt>だん ご</rt></ruby>
<ruby>団子三兄弟<rt>だん ご さんきょうだい</rt></ruby>　<ruby>団子<rt>だん ご</rt></ruby>
<ruby>団子<rt>だん ご</rt></ruby>　<ruby>団子<rt>だん ご</rt></ruby>　<ruby>団子<rt>だん ご</rt></ruby>　<ruby>団子<rt>だん ご</rt></ruby>
<ruby>団子三兄弟<rt>だん ご さんきょうだい</rt></ruby>
<ruby>団子三兄弟<rt>だん ご さんきょうだい</rt></ruby>
<ruby>団子<rt>だん ご</rt></ruby>

听后温故

听解 6

1. 接下来是三段让家长认领走丢了的孩子的广播。听会话，选择与内容相符的图。这是一道泛听题，同学们只要抓住孩子们的穿着特征就能完成题目。

图 A	图 B

图 C	图 D

(1) (　　　)　　(2)(　　　)　　(3)(　　　)

2. 请再听一遍会话,并核对你的答案。

🙂 听解 7

　　接下来你将听到6道题目,每道题目只放一遍。请大家像临场考试那样自我测试一下。每道题目的提问会说两遍。问题5和问题6是无图题。

　　この問題では、まず質問を聞いてください。それから、話を聞いて、正しい答えを一つ選んでください。

1番

2番

3番

答え（　　　）

4番

答え(　　)

5番　答え(　　)

─メモ─

6番　答え(　　)

─メモ─

第15课　使い方を教えてください

学习
目标
（1）掌握动词后接「～てください」的用法。
（2）掌握动词后接「～ないでください」的用法。
（3）掌握动词后接「～てもいいです」的用法。
（4）掌握动词后接「～てはいけません」的用法。
（5）推测。

听前热身

听解1

1. 听会话,仿照例句完成判断。如果会话内容表示的是要求做或允许做某行为,就打「○」,反
之则打「×」。

例：（　×　）

（1）（　　　）　　　（2）（　　　）　　　（3）（　　　）　　　（4）（　　　）　　　（5）（　　　）

2.听短会话,需要的图片处打「○」,反之打「×」。

例：A　名前：××　（○）　　　B　番　号：×××××××　（○）

（1）

A　　　　　　　　　　　　（　）　　　B　　　　　　　　　　　　（　）

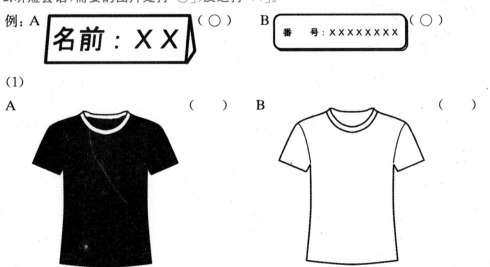

(2)

A （　　）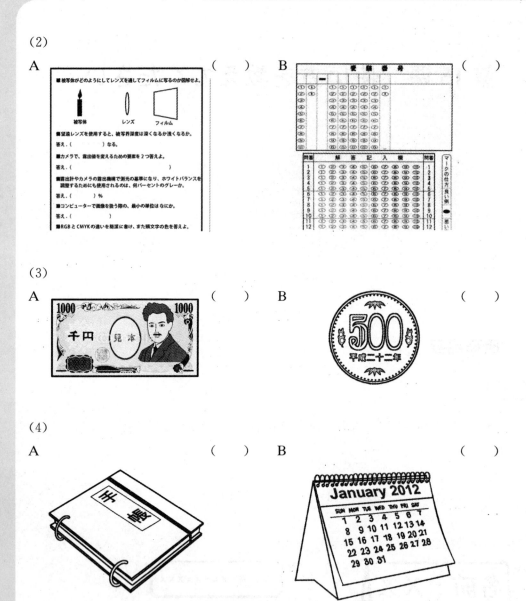

B （　　）

(3)

A （　　）

B （　　）

(4)

A （　　）

B （　　）

 **实听实练**

　　下面的听解练习,会话内容先不作提示。第一遍要求重点听会话发生在哪里。第二遍要求听后要求完成相关练习。

听解2

1.听会话,请按照会话内容排列图片的顺序。

1	2	3
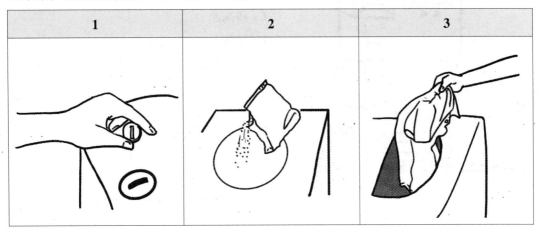		

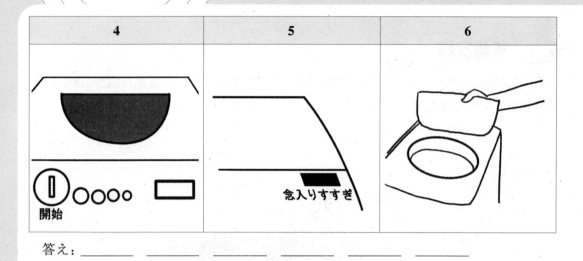

4	5	6

念入りすすぎ

開始

答え：_____ _____ _____

2. 请再听一遍会话,猜测一下这个会话发生的地点在哪里,并核对你的答案。

听解 3

1. 听会话,请在 ATM 机上填入上述选项的编号。

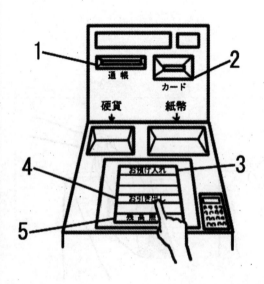

A. お預け入れ

B. お引き出し

C. 残高照会

D. 通帳

E. カード

2. 请再听一遍会话，按照会话中「ヤンさん」取钱的过程给下列图片排序。

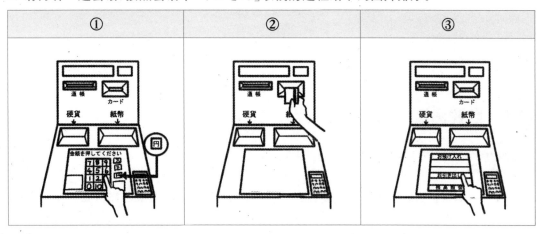

答え：_____ _____ _____ _____ _____ _____

3. 请再听一遍会话，并核对你的答案。

🔊 听解 **4**

1. 接下来是一段考试的说明。听会话，判断下列句子的正误。

(1)（　　）試験用紙は二種類あります。

(2)（　　）問題用紙は9枚あります。

(3)（　　）辞書だけ使ってはいけません。

(4)（　　）答えは解答用紙にも問題用紙にも書いていいです。

(5)（　　）必ずボールペンで書いてください。

(6)（　　）正解は一つしかありません。

(7)（　　）試験が終わるとき、問題用紙を出さなくてもいいです。

（8）（　　）試験中、必ず黙ってください。一切話してはいけません。

2. 请再听一遍会话，并核对你的答案。

自我测试

🎧 听解 **5**

接下来你将听到6道题目，每道题目只放一遍。请大家像临场考试那样自我测试一下。每道题目的提问会说两遍。问题5和问题6是无图题。

この問題では、まず質問を聞いてください。それから、話を聞いて、正しい答えを一つ選んでください。

1番

1.

2.

3.

4.

2番

1.

2.

3.

4.

3番

答え（　　）

4番

答え（　　　）

5番　答え（　　）

―メモ―

6番　答え（　　）

―メモ―

 **轻松一刻**

辛苦啦！让我们来听首日本歌吧。

木曽節（きそぶし）

木曽（きそ）のナー　仲乗（なかの）りさん
木曽（きそ）の御嶽（おんたけ）さんはナンヂャラホイ
夏（なつ）でも寒（さむ）い　ヨイヨイヨイ

ヨイヨイヨイノ　ヨイヨイヨイ

木曽へナー　仲乗りさん
木曽へ木曽へと　ナンジャラホイ
皆行きたがる　ヨイヨイヨイ
ヨイヨイヨイノ　ヨイヨイヨイ

心ナー仲乗りさん
心細いぞ　ナンヂャラホイ
木曽路の旅は　ヨイヨイヨイ
ハー　ヨイヨイヨイノ　ヨイヨイヨイ

 听后温故

听解6

1. 听会话，选择正确的答案。
(1)（　　　）来週の金曜日に何がありますか。
(2)（　　　）6時に集まったほうがよいのはどうしてですか。
(3)（　　　）最後に、男の人はどうしますか。

2.请再听一遍会话，并核对你的答案。

听解7

　　接下来你将听到6道题目，每道题目只放一遍。请大家像临场考试那样自我测试一下。每道题目的提问会说两遍。问题5和问题6是无图题。

　　この問題では、まず質問を聞いてください。それから、話を聞いて、正しい答えを一つ選んでください。

1番

1.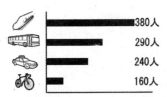

2.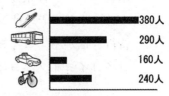

3.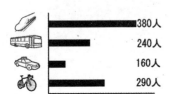

4.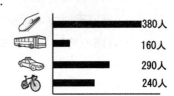

2番

1.

2.

3.

4.

3番

答え（　　）

4番

答え（　　）

5番　答え（　　）

ーメモー

6番　答え（　　）

ーメモー

词 汇 表

单 词	假 名	词性	解 释	课次
自己	じこ	名	自己	5
紹介	しょうかい	名・サ	介绍	5
失礼	しつれい	名・サ	离开,告辞	5.1
留学生	りゅうがくせい	名	留学生	5.1
新入生	しんにゅうせい	名	新生	5.2
アメリカ		名	美国	5.2
アフリカ		名	非洲	5.2
ニューヨーク		名	纽约	5.2
イギリス		名	英国	5.2
司会	しかい	名	主持,司仪	5.4
歓迎	かんげい	名・サ	欢迎	5.4
パーティー		名	派对,晚会	5.4
始めます	はじめます	動	开始	5.4
専攻	せんこう	名	专业	5.4
コンピューター		名	计算机	5.4
趣味	しゅみ	名	兴趣	5.4
スポーツ		名	(体育)运动	5.4
バドミントン		名	羽毛球	5.4
テニス		名	网球	5.4
音楽	おんがく	名	音乐	5.4
経済	けいざい	名	经济	5.4
学科	がっか	名	学科,专业	5.4
先輩	せんぱい	名	学长	5.4
挨拶	あいさつ	名	寒暄(语)	5.5

（续表）

单 词	假 名	词性	解 释	课次
寝る	ねる	動	睡觉	5.5
母親	ははおや	名	母亲	5.5
息子	むすこ	名	儿子	5.5
出身	しゅっしん	名	出身	5.6
病院	びょういん	名	医院	6.1
医師	いし	名	医生	6.1
職業	しょくぎょう	名	职业	6.1
仕事	しごと	名	工作	6.1
専業主婦	せんぎょうしゅふ	名	家庭主妇	6.1
営業部	えいぎょうぶ	名	营业部	6.1
真ん中	まんなか	名	中间	6.2
隣	となり	名	隔壁,旁边	6.2
似ています	にています	動	相似	6.2
甥	おい	名	外甥	6.2
会社員	かいしゃいん	名	公司职员	6.2
公務員	こうむいん	名	公务员	6.2
銀行員	ぎんこういん	名	银行职员	6.2
弁護士	べんごし	名	律师	6.4
結婚	けっこん	名・サ	结婚	6.4
独身	どくしん	名	独身,单身	6.4
末っ子	すえっこ	名	同胞兄弟姐妹中最年幼者	6.4
恋人	こいびと	名	恋人	6.4
作文	さくぶん	名	作文	6.5
提出	ていしゅつ	名・サ	交,提交	6.5
香港	ほんこん	名	香港	6.6
両親	りょうしん	名	父母	6.6

（续表）

单　词	假　名	词性	解　释	课次
働いています	はたらいています	動	工作	6.7
カバン		名	包	7.1
冷蔵庫	れいぞうこ	名	冰箱	7.1
郵便局	ゆうびんきょく	名	邮局	7.1
右	みぎ	名	右	7.1
研究室	けんきゅうしつ	名	研究室	7.1
一階	いっかい	名	一楼	7.1
引越	ひっこし	名	搬家	7.1
手伝い	てつだい	名	帮忙	7.1
タンス		名	衣柜	7.1
レストラン		名	饭店	7.1
三階	さんがい	名	三楼	7.1
邪魔	じゃま	名・サ	打扰	7.2
洋室	ようしつ	名	西式房间	7.2
アパート		名	公寓	7.2
風呂	ふろ	名	浴盆,浴池,浴室	7.2
トイレ		名	洗手间	7.2
台所	だいどころ	名	厨房	7.2
共用	きょうよう	名	共用	7.2
玄関	げんかん	名	玄关,大门	7.2
リビングルーム		名	客厅	7.2
ベランダ		名	阳台	7.2
子供連れ	こどもづれ	名	带着孩子	7.2
チーズケーキ		名	奶酪蛋糕	7.3
ヨーグルト		名	酸奶	7.3
誕生日	たんじょうび	名	生日	7.3
そろそろ		副	不久,就要	7.4

（续表）

单　词	假　名	词性	解　释	课次
ノート		名	笔记本	7.4
財布	さいふ	名	钱包	7.4
携帯	けいたい	名	手机	7.4
手帳	てちょう	名	记事本	7.4
金	かね	名	钱	7.4
クレジットカード		名	信用卡	7.4
サイン		名・サ	签名	7.4
心配	しんぱい	名・サ	担心	7.4
電車	でんしゃ	名	电气列车	7.5
人形	にんぎょう	名	玩偶	7.5
ハンカチ		名	手绢	7.5
ポスト		名	信箱，邮筒	7.5
本屋	ほんや	名	书店	7.5
薬局	やっきょく	名	店，配药处	7.5
探します	さがします	動	寻找	7.5
証券	しょうけん	名	证券	7.5
デパート		名	百货商店	7.6
果物	くだもの	名	水果	7.6
売り場	うりば	名	柜台，售货处	7.6
本棚	ほんだな	名	书架	7.7
来週	らいしゅう	名	下周	7.7
連絡	れんらく	名・サ	联系	7.7
ゼミ		名	小组讨论	8.1
洗濯	せんたく	名・サ	洗（衣服）	8.1
アルバイト		名・サ	打工	8.1
チャット		名・サ	聊天	8.1
コーヒー		名	咖啡	8.2

（续表）

单 词	假 名	词性	解 释	课次
早速	さっそく	副	马上，立刻	8.3
インタビュー		名・サ	采访	8.3
丼	どんぶり	名	大碗，盖浇饭	8.3
ゆっくり		副	慢慢地	8.3
出発	しゅっぱつ	名・サ	出发	8.3
郊外	こうがい	名	郊外	8.3
市内	しない	名	市内	8.3
準備	じゅんび	名・サ	准备	8.3
牛乳	ぎゅうにゅう	名	牛奶	8.3
スケジュール		名	日程表	8.4
朝礼	ちょうれい	名	早礼，早会。	8.4
社長	しゃちょう	名	社长	8.4
弁当	べんとう	名	便当	8.4
昼休み	ひるやすみ	名	午休	8.4
新入社員	しんにゅうしゃいん	名	新职员	8.4
オリエンテーション		名	新员工培训	8.4
打ち合わせ	うちあわせ	名	商议，讨论	8.4
ビール		名	啤酒	8.4
日本酒	にほんしゅ	名	日本酒	8.4
遠慮	えんりょ	名・サ	客气	8.5
朝市	あさいち	名	早市	8.6
掃除	そうじ	名・サ	打扫	8.6
皿	さら	名	盘子，碟子	8.6
太極拳	たいきょくけん	名	太极拳	8.6
ダンス		名	舞蹈	8.6
茶道	さどう	名	茶道	8.6
プール		名	游泳池	8.7

（续表）

单 词	假 名	词性	解 释	课次
決まり	きまり	名	决定	9.1
ランチ		名	西式便饭,午餐	9.1
お釣り	おつり	名	找零	9.1
確認	かくにん	名・サ	确认	9.1
シャツ		名	衬衣	9.1
ネクタイ		名	领带	9.1
預かります	あずかります	動	收存,保管	9.1
確かに	たしかに	形動	确实	9.2
サンドイッチ		名	三明治	9.2
カーネーション		名	康乃馨	9.3
プレゼント		名	礼物	9.3
母の日	ははのひ	名	母亲节	9.3
チューリップ		名	郁金香	9.3
結構	けっこう	形動	足够	9.3
絵葉書	えはがき	名	有图的明信片	9.4
ボールペン		名	圆珠笔	9.4
消費税	しょうひぜい	名	消费税	9.4
レシート		名	收据	9.4
東町	ひがしちょう	名	东町	9.5
黒い	くろい	形	黑色的	9.7
丸い	まるい	形	圆的	9.7
新館	しんかん	名	新馆	9.7
勧めます	すすめます	動	劝告,劝诱	9.7
晴れます	はれます	動	晴(天)	10.1
曇り	くもり	名	阴天	10.1
長野	ながの	名	长野	10.2
ストーブ		名	暖炉	10.2

（续表）

单 词	假 名	词性	解 释	课次
慣れました	なれました	動	习惯（过去式）	10.3
四季	しき	名	四季	10.4
梅雨	つゆ	名	梅雨	10.4
蒸し暑い	むしあつい	形	闷热的	10.4
台風	たいふう	名	台风	10.4
被害	ひがい	名	受害,损失	10.4
受けます	うけます	動	接受,受到	10.4
ルームメート		名	室友	10.6
病気	びょうき	名	病,疾病	10.6
花見	はなみ	名・サ	赏花,赏樱花	10.7
素敵	すてき	形動	了不起,精彩	10.7
マフラー		名	围巾	10.7
緑の日	みどりのひ	名	绿节	11.1
憲法記念日	けんぽうきねんび	名	宪法纪念日	11.1
子供の日	こどものひ	名	儿童节	11.1
遅い	おそい	形	迟的,慢的	11.1
バレンタインデー		名	情人节	11.1
ホワイトデー		名	白色情人节	11.1
クリスマス		名	圣诞节	11.1
イブ		名	圣诞夜	11.1
春節	しゅんせつ	名	春节	11.1
旧暦	きゅうれき	名	旧历,农历	11.1
正月	しょうがつ	名	新年,正月	11.1
新暦	しんれき	名	新历,阳历	11.3
全国	ぜんこく	名	全国	11.2
祝います	いわいます	動	祝贺	11.3
ゴールデンウィーク		名	黄金周	11.3

（续表）

单　词	假　名	词性	解　释	课次
日帰り	ひがえり	名	当天往返	11.3
レポート		名	报告，小论文	11.4
提出日	ていしゅつび	名	递交日	11.4
英会話	えいかいわ	名	英语会话	11.4
セール		名	减价出售	11.4
自宅	じたく	名	自宅，自家	11.5
お嬢様	おじょうさま	名	令爱，您的女儿	11.5
花束	はなたば	名	花束	11.7
ディズニーランド		名	迪斯尼乐园	11.7
上野公園	うえのこうえん	名	上野公园	12.1
銀座	ぎんざ	名	银座	12.1
見物	けんぶつ	名・サ	游览	12.1
赤ちゃん	あかちゃん	名	婴儿	12.1
奈良	なら	名	奈良	12.2
古い	ふるい	形	旧的，老的	12.2
寺	てら	名	寺院	12.2
札幌	さっぽろ	名	札幌	12.3
祭り	まつり	名	节日	12.3
頂上	ちょうじょう	名	山顶，顶上	12.4
遅刻	ちこく	名・サ	迟到	12.5
世話	せわ	名・サ	照顾，帮助	12.5
古本屋	ふるほんや	名	旧书店	12.6
尋ねます	たずねます	動	问，打听	12.7
粗末	そまつ	形動	粗糙，粗陋	12.7
菓子	かし	名	日式点心	13.1
肉饅頭	にくまんじゅう	名	肉包子	13.1
雑誌	ざっし	名	杂志	13.1

（续表）

单　词	假　名	词性	解　释	课次
売店	ばいてん	名	小卖店	13.2
アイスクリーム		名	冰激凌	13.2
貿易会社	ぼうえきがいしゃ	名	贸易公司	13.3
経営	けいえい	名・サ	经营,运营	13.3
大学院	だいがくいん	名	研究生部	13.3
教科書	きょうかしょ	名	教科书	13.4
二列目	にれつめ	名	第二列,第二排	13.4
休憩	きゅうけい	名・サ	休息	13.5
同僚	どうりょう	名	同事	13.5
風邪	かぜ	名	感冒	13.5
見舞い	みまい	名	探病	13.5
病人	びょうにん	名	病人	13.5
簡単	かんたん	形動	简单	13.6
授業料	じゅぎょうりょう	名	学费	13.6
ワンピース		名	连衣裙	14.1
指輪	ゆびわ	名	戒指	14.1
ダイヤ		名	钻石	14.1
スーツ		名	套装	14.1
眼鏡	めがね	名	眼镜	14.1
帽子	ぼうし	名	帽子	14.1
ズボン		名	裤子	14.1
サングラス		名	太阳眼镜	14.1
会館	かいかん	名	会馆	14.2
ロビー		名	大厅	14.2
腕時計	うでどけい	名	手表	14.2
懐かしい	なつかしい	形	怀念的	14.3
日本語センター	にほんごセンター	名	日语中心	14.3

（续表）

单　词	假　名	词性	解　释	课次
卒業	そつぎょう	名・サ	毕业	14.3
ずっと		副	一直	14.3
身に付けます	みにつけます	動	掌握	14.3
交流	こうりゅう	名・サ	交流	14.3
研修生	けんしゅうせい	名	进修生	14.3
インド		名	印度	14.3
ネット		名	网络	14.3
送ります	おくります	動	送	14.4
背広	せびろ	名	男子西服	14.5
セーター		名	毛衣	14.5
駐車禁止	ちゅうしゃきんし	名	禁止停车	14.5
ベレー帽	ベレーぼう	名	贝雷帽	14.5
迷子	まいご	名	迷路的孩子	14.6
知らせ	しらせ	名	通知	14.6
至急	しきゅう	名・副	火速,赶紧	14.6
サービスセンター		名	服务台,服务	14.6
お越しくださで	おこしくださで	動	请到,请来	14.6
本日	ほんじつ	名	本日,今天	14.6
来店	らいてん	名	来商店	14.6
誠に	まことに	副	真,实在	14.6
館内	かんない	名	馆内	14.6
品川	しながわ	名	品川	14.6
インフォメーションセンター		名	信息中心	14.6
野球帽	やきゅうぼう	名	棒球帽	14.6
心当たり	こころあたり	名	猜想,线索,估计	14.6
正面	しょうめん	名	正面	14.6

（续表）

单　词	假　名	词性	解　释	课次
案内所	あんないしょ	名	问讯处,指南处	14.6
宿舎	しゅくしゃ	名	宿舍	14.7
預金	よきん	名・サ	存款	15.1
口座	こうざ	名	户头	15.1
身分証明書	みぶんしょうめいしょ	名	身份证	15.1
洗剤	せんざい	名	洗涤剂,洗衣粉	15.1
濃い	こい	形	浓的	15.1
問題用紙	もんだいようし	名	试题卷	15.1
解答用紙	かいとうようし	名	答题卷	15.1
紙幣	しへい	名	纸币	15.1
硬貨	こうか	名	硬币	15.1
暗証番号	あんしょうばんごう	名	密码	15.1
カレンダー		名	日历	15.1
蓋	ふた	名	盖子	15.2
100円玉	ひやくえんだま	名	100日元硬币	15.2
モード		名	样式,模式	15.2
念入りすすぎ	ねんでりすすぎ	名	额外漂洗	15.2
開始	かいし	名・サ	开始	15.2
預け入れ	あずけいれ	名	存钱	15.3
引き出し	ひきだし	名	取钱	15.3
残高照会	ざんだかしょうかい	名	余额查询	15.3
縦	たて	名	纵(向),竖	15.3
画面	がめん	名	画面	15.3
通帳	つうちょう	名	存折	15.3
キャッシュカード		名	现金卡	15.3
金額	きんがく	名	金额	15.3
選択肢	せんたうし	名	选项	15.4

（续表）

单　词	假　名	词性	解　释	课次
以上	いじょう	名	以上	15.4
電気	でんき	名	电灯	15.5
途中	とちゅう	名	途中	15.6
里山駅	さとやまえき	名	里山站	15.7
テープレコーダー		名	磁带录音机	15.7